Christine Scheibner

Erschwingliche Paradiese

Christine Scheibner

Erschwingliche Paradiese

Wo Reiseprofis Urlaub machen

SÜDWEST

Alle Angaben in diesem Buch wurden mit der größtmöglichen Sorgfalt zusammengestellt und überprüft. Dennoch können Verlag, Redaktion und Autorin keine Haftung übernehmen für die Richtigkeit der Angaben und/oder für Vermögens-, Sach- und Personenschäden, die im Zusammenhang mit den beschriebenen Tips und/oder aus der Anwendung der hier erteilten Ratschläge und Informationen entstehen.

Redaktion: Cornelia Osterbrauck
Redaktionsleitung: Dr. Reinhard Pietsch
Umschlaggestaltung und Layout: Elisabeth Petersen
Illustrationen: Eckhard Hundt
DTP/Satz: Fotosatz Völkl, Puchheim
Herstellung: Dieter Lidl
Druck/Bindung: Legoprint, Trento
Printed in Italy

Gedruckt auf chlor- und säurefreiem Papier

ISBN 3-517-01612-8

Inhalt

Nur eine kleine finanzielle Sünde fürs Paradies!

Der Urlaub soll vor allem den Alltag vergessen lassen, denn es gilt, neue Länder und Orte zu entdecken, Natur pur zu genießen und die Sehnsucht nach Idylle und Ursprünglichkeit zu stillen – ja, wieder Einzug ins Paradies zu halten! Eine gelungene Reise bereichert das Leben, schafft neue Impulse und macht glücklich. Ein Traum, den sich nahezu jeder erfüllen kann. Nur gewußt wie: Dieser kompetente Ratgeber ermöglicht es Ihnen, die schönsten Plätze der Welt für Sie persönlich zu reservieren. Denn jeder Reisende kann dieses Ziel auch mit einem kleinen Budget erreichen. Er benötigt dazu lediglich die nötige Ausdauer, um sich im verwirrenden Dschungel der Reiseangebote zurechtzufinden.

Die Schönheiten dieser Welt bei einer traumhaften Urlaubsreise zu sehen und zu erleben, ist nicht mehr nur wenigen vorbehalten; so eine Reise muß nicht teuer sein. Wie oftmals im Leben heißt es nur – gewußt wie!

Um Ihnen Zeit und Mühen zu ersparen, habe ich für Sie die schönsten Traumziele nach dem Kriterium „paradiesisch und trotzdem preiswert" ausgesucht. So erwarten Sie auf den folgenden Seiten aktuelle Informationen zu mehr als 1.000 Reisezielen in 94 Ländern: nahezu unbekannte Inseln und Strände in der großen weiten Welt, exotische Länder sowie zahlreiche unberührte Regionen in Europa – eben echte Geheimtips, die es zu entdecken gilt! Mit dabei sind auch die Tummelplätze von Stars und Millionären, die aber durchaus auch für Sie erschwinglich sind. Dazu jede Menge Extra-Tips für Naturfreunde, Sportler, Hobby-Fotografen und Kulturinteressierte. Außerdem verrate ich Ihnen aktuelle Top-Adressen von Touristikprofis, zahlreiche Angebote für ausgefallene Arten zu reisen und wo Sie Traumhäuser oder gar einsame Inseln preiswert mieten können. Entdecken Sie die Schönheiten der Welt, und erfüllen Sie sich Ihre vielleicht langgehegten Träume.

Viel Spaß beim Lesen und einen paradiesischen Urlaub!

Natur pur

Als der Ort, an dem Adam und Eva vollkommen glücklich waren, so wird in der Bibel das Paradies beschrieben. Heute verstehen wir unter Paradies zumeist ein besonders schönes Fleckchen Erde. Denn egal, ob auf einem Berggipfel oder beim Sonnenuntergang am Meer – der Anblick grandioser Natur begeistert fast alle Menschen. Und Experten sind sich in diesem Zusammenhang darüber einig, daß der Aufenthalt in schönen Gegenden auch den Umweltschutz fördert: „Es gibt keinen besseren Lehrmeister in der Schule des Umdenkens zum naturgerechten Leben als tiefe Erlebnisse in ungestörter Natur", erklärt Dr. Hans Bibelriether, Chef der europäischen Nationalparks und Stellvertreter der internationalen Nationalpark-Kommission. Die Nationalpark-Idee ist einer von vielen Versuchen, den Ansturm der Massen auf die Natur in geordnete Bahnen zu lenken. Denn die Zahl derer, die das Glück auf Reisen und in der Natur suchen, nimmt ständig zu.

Um die Natur in all ihrer Schönheit und Vielfalt abseits der großen Touristenhochburgen genießen zu können, bedarf es des persönlichen Engagements.

Niemand weiß das besser als die Tourismusindustrie. Ihr Ziel ist es, „Sonne, schöne Regionen, Strand und Meer" möglichst vielen Menschen anzubieten. Die Folge ist, daß viele Landschaften zerstört wurden, um Hotels und Urlaubsanlagen zu errichten. Hier hat erst in letzter Zeit ein Umdenken eingesetzt. Doch nichts gegen den Pauschalurlaub. Oft sind die Angebote unschlagbar günstig, und auch das jeweilige Urlaubsland hat Vorteile, wenn sich der Massentourismus auf bestimmte Regionen konzentriert. Wer jedoch ein atemberaubendes Naturerlebnis sucht, wird es wohl kaum in Touristenhochburgen finden. Und wenn, dann gegebenenfalls nur abseits der großen Ferienorte. Eine individuelle Urlaubsgestaltung und ein ebensolches Urlaubserlebnis setzen immer auch persönliches Engagement voraus.

Europäische und internationale Traumziele

Die Urlaubs-Traumziele werden jedes Jahr von der Zeitschrift „Holiday" erfragt: Knapp 350 Reiseprofis (Führungskräfte der Tourismus-Industrie und Reisejournalisten) füllten auch 1994 wieder einen umfangreichen Fragebogen aus, der folgende Wertung ergab (alle Ergebnisse sowie detaillierte journalistische Beiträge über die Sieger der Wahl erschienen in der Reisezeitschrift „Holiday", Heft 2/94):

Traumziele weltweit:

1. Australien
2. Kanada
3. Kalifornien
4. Neuseeland
5. Mauritius
6. Indonesien
7. Karibik
8. Seychellen
9. Hawaii
10. Südsee

Traumziele Europa:

1. Irland
2. Frankreich
3. Schottland und Portugal
4. Italien
5. Schweiz
6. Deutschland
7. Griechenland und Spanien
8. Österreich

Traumstädte weltweit:

1. Sydney
2. Hongkong
3. Vancouver
4. Singapur
5. New York
6. San Francisco
7. New Orleans
8. Bangkok
9. Los Angeles
10. Rio de Janeiro

Traumziele Region:	**Die schönsten Alpenorte:**
1. Provence	1. St. Anton/Österreich
2. Toskana	2. Lech/Österreich
3. Elsaß	3. Zermatt/Schweiz
4. Tessin	4. Seefeld/Österreich
5. Oberbayern	5. Davos/Schweiz
6. Bretagne	6. Kitzbühl/Österreich
7. Burgund	7. Garmisch-Partenkirchen
8. Andalusien	8. Grindelwald/Schweiz
9. Algarve	9. Cortina d´Ampezzo/Italien
10. Südtirol	10. Chamonix/Frankreich

Viele dieser Traumziele sind auch ohne dicken Geldbeutel erreichbar. Informationen darüber, wie Sie dies bewerkstelligen und an wen Sie sich dabei wenden können, liefert Ihnen dieser Ratgeber in Hülle und Fülle auf den folgenden Seiten.

Sonne, Sand und Meer – Traumstrände weltweit ab 10 Mark pro Tag sind Realität

Es gibt sie immer noch, die beschaulichen Traumstrände, an denen man in einfachen Strandhütten für nur wenig Geld übernachten kann. Der Haken dabei ist nur, daß diese Paradiese überwiegend in Südostasien und Südamerika liegen. Also so weit von uns entfernt, daß sich ein Urlaubsaufenthalt erst ab mindestens drei Wochen rechnet. Denn der Langstreckenflug ist relativ teuer, und zudem benötigt der Körper einige Tage, um sich nach einem Fernflug zu akklimatisieren. Fast immer muß man, um an die schönen und billigen Strände zu kommen, eine umständliche, selbstorganisierte Anreise in Kauf nehmen. Doch davon sollte man sich nicht abschrecken lassen. In exotischen Ländern auf eigene Faust zu reisen ist nicht so schwierig, wie man denkt, und es macht Spaß, Land und Leute dabei kennenzulernen. Außerdem kostet in Ländern, in denen die Strandhütten billig sind, meist auch eine Taxifahrt nicht viel. Ebenso halten sich dort dann die übrigen Kosten (für Verpflegung, Liegestuhl & Sonnenschirm etc.) in Grenzen. Und am Meer gibt es fast immer frische Fische, tropische Früchte und frischgepreßte Fruchtsäfte – was will man mehr im Paradies?

Buchtip: Wer seine Reise auf eigene Faust und preiswert organisieren will, findet aktuelle Spartips von Globetrottern im Verbraucherführer „Billig Reisen" (Südwest Verlag, 16,80 Mark).

UND SO FINDEN SIE IHREN TRAUMSTRAND

■ Die Top-Favoriten unter den Billigländern sind: in Südostasien: Indien, Indonesien, Malaysia, Philippinen, Sri Lanka, Thailand; in der Karibik: Belize, Dominikanische Republik, Venezuela (mehr darüber im Kapitel „Länderregister von A–Z" ab Seite 57).

■ Billige Strandhütten in Südostasien kann man von Deutschland aus nicht reservieren. Erfahrene Traveller buchen deshalb einen Billigflug in das gewünschte Land, halten sich nach der Ankunft einige Tage in der Stadt auf, in der das Flugzeug gelandet ist, und fragen vor Ort nach, welche Strände gerade besonders zu empfehlen sind.

■ In öffentlichen Bibliotheken und in Travel-Shops findet man Erfahrungsberichte von Travellern. Informativ sind davon vor allem die Routenbeschreibungen, denn Zugverbindungen und Schiffsrouten ändern sich nicht so schnell.

■ Wenn Sie in der Bibliothek einen brauchbaren Reiseführer gefunden haben, sollten Sie sich davon nach Möglichkeit die neueste Auflage zulegen. Die Investition in einen guten Reiseführer für das gewünschte Land macht sich auf alle Fälle bezahlt. So sind Sie über die wichtigsten Reiserouten vor Ort und über Traveller-Treffpunkte informiert. Wichtig ist: Der Reiseführer muß auf dem neuesten Stand sein (auf das Erscheinungsjahr achten!), denn Trends und Preise ändern sich unter Umständen sehr rasch.

■ Immer auf dem neuesten Stand und dazu kostenlos ist fernerhin das Informationsmaterial der jeweiligen Fremdenverkehrsämter (Adressen siehe Anhang).

■ Wer bereit ist, in Ländern mit superbilligen Übernachtungspreisen ein paar Mark mehr auszugeben, kann für 50 Mark pro Nacht geradezu fürstlich wohnen. Mehr darüber erfahren Sie im nächsten Kapitel „Traumunterkünfte für den kleinen Geldbeutel".

Traumunterkünfte für den kleinen Geldbeutel

Ob Hausboot oder Hängematte, Almhütte oder Maharadscha-Schloß: In jeder Ferienregion locken Unterkünfte, die zum Träumen anregen, schon bevor Sie ins Bett steigen. Lassen Sie sich inspirieren! Vielleicht bekommen Sie Lust, das 08/15-Hotelzimmer gegen eine Privatinsel einzutauschen.

Fürstliche Schlafstätten zu bürgerlichen Preisen

Millionär müssen Sie wirklich nicht sein, aber ein paar Mark sollten Sie schon übrig haben, um in den Schlafgemächern ehemaliger südamerikanischer Kolonialherren nächtigen zu können. Gerade in **Spanien** und **Portugal** stehen prächtige *Burgen, Schlösser* und *Gutshäuser* für Normalsterbliche zur Übernachtung zur Verfügung – dank großzügiger Subventionen durch die staatlichen Tourismusbehörden.

Paradores heißen in Spanien staatlich geförderte Hotels der gehobenen Kategorie in historischen Gemäuern. Das kann eine alte Burg sein oder ein umgebautes Kloster. Manche Paradores sind noch nicht so alt. Sie wurden in das Angebot aufgenommen, weil sie an landschaftlich besonders reizvollen Stellen gebaut sind, z. B. der *Parador Aiguablava* auf einem einsamen Felsvorsprung an der Costa Brava. Ob im Burgen-Land Kastilien, im Landesinneren um Madrid oder in der mühlenreichen Mancha: Routenvorschläge von Parador zu Parador gibt es in den schönsten Gegenden Spaniens. Auch auf den spanischen Weinrouten durch *Rioja, Penedés* oder *Navarra* kann man in historischem Ambiente übernachten.

Für Golfer gibt es *Golf-Paradores,* etwa das *El Saler* in Valencia oder das *Malaga del Golf.* Die insgesamt 86 spanischen Paradores sind als Drei-, Vier- oder Fünf-Sterne-Hotels eingestuft. Die Übernachtung im Doppelzimmer kostet je nach Saison und Standard zwischen 70 und 140 Mark. Informationen und Buchungen: Ibero-Hotels, Berliner Allee 22, 40212 Düsseldorf, Tel. 02 11/8 64 15 18.

Die *Pousadas de Portugal* entstanden aus der gleichen Idee wie die spanischen Paradores: Historische Gebäude wie Burgen, Klöster oder Landhäuser wurden vor dem Verfall gerettet, indem man sie zu Hotels umgebaut hat. In Portugal gibt es außerdem noch *Solares,* das sind private Herrenhäuser, Land- und Weingüter, die für Reisende offenstehen, zu absolut akzeptablen Preisen. Sie sind zu Gast bei Gutsherren in den landschaftlich schönsten und historisch sehenswertesten Regionen Portugals. Informationen über Solares und Pousadas beim portugiesischen Fremdenverkehrsamt (Adresse siehe Anhang).

Im Gegensatz zu den spanischen Paradores sind Paradores auf **Puerto Rico** eher einfache Landgasthäuser mit Doppelzimmern ab 40 US-$. Aber auch sie stehen immer in landschaftlich schönen und/oder historisch interessanten Gegenden der Insel, und sie werden von den offiziellen Tourismusbehörden gefördert. Informationen beim Fremdenverkehrsamt; individuell zusammengestellte Paradores-Rundreisen auf Puerto Rico können Sie beim AAR (Anglo-American-Reisebüro, Adresse siehe Anhang) buchen.

Auch im Norden Europas, in **Irland, Schottland** und **England,** empfangen Gutsherren zahlungskräftige Übernachtungsgäste, kassieren aber nur einen Bruchteil des Betrages, der in einem ähnlich prächtig möblierten Luxushotel fällig wäre. Informationen über Angebote in **Schottland** und **England** sind bei der Britischen Zentrale für Fremdenverkehr erhältlich; *Herrenhäuser*

und *Schlösser* in **Irland** vermitteln Odin-Reisen und das Irische Fremdenverkehrsamt.
In gleicher Weise öffnen in **Indien** die Maharadschas ihre Gästezimmer für müde Urlauber. In manchen *Palästen* kann man erstaunlich günstig wohnen, zum Beispiel kostet die Übernachtung in der Deluxe-Suite im *Hotel Lake Palace* in der Provinz Radschasthan 500 Rupien, das sind ca. 27 Mark. Das Programm läuft unter dem Namen *Heritage Hotels,* unter diese Kategorie fallen Paläste von Maharadschas genauso wie die Wohnhäuser reicher Händler, sogenannte *Havelis.* Die Heritage Hotels Association of India nimmt nur Häuser auf, die behutsam modernisiert wurden, das heißt trotz des gebotenen Komforts ist die ursprüngliche Atmosphäre des alten Gebäudes erhalten geblieben. Informationen finden Sie im Spezialprospekt „Heritage Hotels" vom Indischen Fremdenverkehrsamt.

FÜRSTLICH IN EUROPA WOHNEN!

Nicht nur in Spanien, Portugal oder in Indien stehen dem Gast traumhafte alte Burgen, Gutshäuser und sogar Paläste zur Übernachtung zur Verfügung. Auch in 160 Burgen, Schlössern und Klöstern in Europa läßt es sich wahrlich fürstlich, wenn nicht nahezu königlich zu erschwinglichen Preisen nächtigen.

Die wichtigsten *Schloßhotelgruppen* in Europa haben sich zusammengeschlossen und präsentieren ihr Angebot in der Broschüre „Gast im Schloß". 160 *Burgen, Schlösser* und *Klöster* in **Europa** stellen sich vor mit Adresse, Foto, Zimmerpreisen und genauer Lagebeschreibung. Angeboten werden anspruchsvolle Domizile in Deutschland, Österreich, Belgien, Frankreich, Italien, Portugal, Spanien, in der Schweiz, den Niederlanden

und natürlich in Großbritannien. Gemessen an der Qualität der Herbergen halten sich die Preise im Rahmen. Im *Jagdschloß Eggersberg* im malerischen *Altmühltal* z. B. werden Doppelzimmer ab 90 Mark angeboten, der Alleinreisende bettet sein müdes Haupt ab 65 Mark pro Nacht aufs fürstliche Kissen. Alle Häuser können sowohl individuell als auch über die „Gast im Schloß" Reisen GmbH gebucht werden. Der Veranstalter hat dazu noch Spezialarrangements, Schloßreisen oder Schloßschecks (Geschenkgutscheine) im Programm.
Informationen und Broschüre: Gast-im-Schloß-Reisen, Postfach 12 06 20, 68057 Mannheim, Tel. 06 21/12 66 20.

First-Class-Ferienvilla für 100 Mark pro Tag

Wenn Sie schon immer einmal in einer Nobelvilla mit Swimmingpool, Kamin, Bibliothek, Terrasse mit Blick aufs Meer nächtigen wollten – es ist erschwinglich: Trommeln Sie ein paar Freunde zusammen, und teilen Sie sich die Miete. Ein Beispiel: Eine französische Luxusvilla an der Atlantikküste kostet mit Pool und Tennisplatz 5.000 Mark/Woche in der Hochsaison. Die Villa ist groß genug für sieben Personen, das heißt, in einem Domizil dieser Kategorie ist für jeden einzelnen reichlich Platz berechnet. Nehmen Sie also sechs Freunde mit, dann zahlt jeder nur mehr runde 700 Mark pro Woche. Und abends trifft man sich in der Bibliothek oder vor dem Kamin. Vor und nach der Hauptsaison wird's natürlich preiswerter. Übrigens, in Villen dieser Preisklasse kann man auf Wunsch Koch und Butler gleich mitengagieren. Exklusive Villen vermieten z. B.: Ferienhäuser am Atlantik, Villas InStyle, InterChalet, Vladi Private Islands (hat die Ranch von Clint Eastwood in Carmel/Kalifornien im Programm, ca. 200 US-$/Tag für zwei Personen).

FERIENHÄUSER IN FASZINIERENDEN LANDSCHAFTEN

Atlantikküste: Auf Ferienhäuser am Atlantik hat sich die Vermittlerin Ursula Neukirchen spezialisiert. In ihrem knapp 150 Seiten starken Spezialkatalog stellt sie die unterschiedlichsten Quartiere in Südengland und an der französischen Atlantikküste vor. Im Angebot sind restaurierte Bauernhäuser, reetgedeckte Cottages, Landsitze mit weitläufigen Gartenanlagen ebenso wie moderne Wohnhäuser und elegante Appartements. Der unterschiedlichen Ausstattung entsprechend liegen die Preise in Größenordnungen von sehr preiswert (455 Mark/Woche für ein Vier-Personen-Haus in England von Januar bis März) bis „oh, là, là!" (5.000 Mark/Woche im Juni in Aquitanien, exklusive Sieben-Personen Villa mit Swimmingpool und Tennisplatz). Die französischen Feriendomizile befinden sich in den reizvollsten Gegenden: in der Normandie, in der Nord- und Südbretagne, in der Vendée, im Charente-Maritime, in Aquitanien und im französischen Baskenland. In England liegt der größte Teil der Urlaubsdomizile in den Grafschaften entlang der Südküste in Kent, Sussex, Hampshire, Dorset, Somerset, Wiltshire, Devon und Cornwall. Informationen und Katalog: Ferienhäuser am Atlantik, Ursula Neukirchen GmbH, Tel. 0 25 33/5 21, Fax: 0 25 33/45 38. Ferienhäuser an der Atlantikküste von der Bretagne über Galicien, Costa Verde bis zur Algarve hat Polar-Reisen im Angebot. Informationen und Katalog: Polar-Reisen, Tel. 0 85 63/5 21, Fax: 0 85 63/5 44 (Adressen siehe Anhang).

Luxus total – warum nicht gleich das Ferienhaus inklusive Koch und Butler mieten?! Zu mehreren Personen kann dieser Traum ganz einfach Wirklichkeit werden.

Dänemark: Jahrelang ein Geheimtip für Norddeutsche, sind *Ferienhäuser* an der Küste Dänemarks in den letzten Jahren zum Renner geworden – vor allem für Familien. Dänische Ferienhäuser liegen meist unmittelbar am feinen Dünenstrand, trotzdem sind es bis zum nächsten Restaurant und zum nächsten Laden oft nur ein paar Schritte. Die Preise sind erschwinglich, ein Haus für sechs Personen gibt es bereits ab 500 Mark pro Woche.

Anbieter: Die hyggeligen Dänen/Hansen, Tel. 02 11/25 18 89; Dancenter, Tel. 0 40/32 37 81; NUR, Wolters Reisen, Interchalet.

Finnland: *Mökkis* nennt man Ferienhäuser in Finnland. Sie sind rustikal, meist mit eigener Sauna und liegen oft direkt am Ufer eines Sees mit eigenem Steg und Ruderboot. Die beste Reisezeit für einen Urlaub am hauseigenen Seeufer ist Juni bis Mitte September. Die Ferienzeit (Juli bis Mitte August) ist allerdings Hochsaison und vieles entsprechend teuer. Ab Mitte August stehen die Chancen gut, noch ein preiswertes Feriendomizil zu bekommen.

Preisbeispiel Sommer 1994: Ein Vier-Personen-Haus direkt am See mit Sauna, offenem Kamin und Fahrrädern, Hochsaison 107 Mark/Tag, Vor- und Nachsaison 75 Mark/Tag (Polar-Reisen).

TIP Wer im September in Finnland Urlaub macht, sollte ein Ferienhaus mit Komfort mieten, denn dann sind die Nächte schon ziemlich frisch.

Anbieter: Polar-Reisen, Tel. 0 85 63/5 21; Novasol, Tel. 0 40/ 2 48 21 00; Finnreise, Tel. 0 40/3 09 73 30; Finnways, Tel. 04 51/58 99-2 30 (zu buchen auch über Neckermann); Silja-Line, Tel. 0 40/32 13 84.

Griechenland: Preiswerte *Ferienhäuser* und *-appartements* auf dem Festland und auf vielen griechischen Inseln vermietet eine Münchner Firma unter griechischer Leitung. Prospekte und Informationen bei: „Takis" Ferienhäuser in Griechenland

GmbH, A. Roumpakias, Müllerstr. 47, 80469 München, Tel. 0 89/26 09 41-0, Fax: 0 89/26 93 63.
Madeira: Landhäuser auf der Blumeninsel nennen sich *Quintas* und können bei Jahn-Reisen gebucht werden.
Malta/Gozo: einfache *Farmhäuser* auf Gozo, der Nachbarinsel Maltas, hat z. B. Jahn-Reisen im Programm.

Für Romantiker: einsame Hütten in der Wildnis

Von Alaska bis zur Bretagne: Hütten gibt es praktisch in allen Ferienländern. Sie liegen immer mitten in der freien Natur und vermitteln Romantik pur: kein Hoteltrubel, kein Straßenlärm, kein Fernsehgerät, egal ob auf der Alm (Österreich) oder am hauseigenen See (Finnland). Im Angebot sind kuschelige, einsame Almhütten für ein bis zwei Selbstversorger genauso wie bewirtschaftete Berghütten für Gruppen bis zu 40 Personen.

TIP Möglichst früh buchen! Hüttenurlaub wird immer beliebter, deshalb müssen die Hütten für die Hauptsaison oft schon ein Jahr vorher reserviert werden.

Folgende Veranstalter vermieten Hütten (Adressen siehe Anhang): Hütten-Mietservice (HMS), Frosch Alpiner Hüttenservice, Fremdenverkehrsamt Alaska, Deutscher Alpenverein (DAV).
Deutscher Alpenverein (DAV): Mit über 530.000 Mitgliedern ist der Deutsche Alpenverein e. V. weltweit der größte Bergsteigerverband. Mehr als 340 Sektionen verteilen sich über ganz Deutschland. Zweck des DAV ist, das Bergsteigen in den Alpen, insbesondere für die Jugend, zu fördern und die Schönheit und Ursprünglichkeit der Bergwelt zu erhalten. Um letzteres zu erreichen, betreibt der DAV praktischen alpinen Natur- und Um-

weltschutz. In Bayern ist er sogar als Naturschutzverband anerkannt.
Bergfreunden bietet eine Mitgliedschaft im DAV viele Vorteile, z. B. verbilligte Übernachtung auf Hütten, auch auf allen europäischen Hütten, die dem internationalen Bergsteigerverband UIAA angehören – das sind immerhin über 2.000 Hütten im Alpenraum –, verbilligtes Bergsteigeressen und Anspruch auf Teewasser sowie ein Bergsteigergetränk.
Informationen über: Deutscher Alpenverein e. V., Von-Kahr-Str. 2–4, 80997 München, Tel. 0 89/1 40 03-0, Fax: 0 89/1 40 03-11.

WOHNEN AUF FLÜSSEN UND SEEN: HAUSBOOTE

Gemütlich relaxen, gleichzeitig reisen – und das alles auf dem Wasser: ein Hausboot macht´s möglich. Für diese außergewöhnliche Urlaubsart sind keine speziellen Vorkenntnisse nötig. Was Sie wissen müssen, wird bei der Bootsübergabe erklärt. Außerdem wird nur auf deutschen Wasserstraßen ein Bootsführerschein verlangt.
Hausboote können wochenweise gemietet werden oder zum Ausprobieren für ein Wochenende bzw. eine „Miniwoche" von Montag bis Freitag (Wochenpreis ab ca. 1.000 Mark für zwei Personen).

i Informationen über Hausboote in Deutschland, England, Frankreich (vgl. Länderregister, Stichwort Frankreich), Holland, Irland und den USA vermittelt der Stuttgarter Veranstalter Kuhnle Tours, Telefon zum Nulltarif: 01 30/85 55 05; Hausboote in Irland können Sie auch beim Irland-Spezialisten Odin-Reisen buchen, Tel. 02 61/6 58 98. Hausboote in Kaschmir: siehe Länderteil Indien.

URLAUB AUF DEM BAUERN- ODER WINZERHOF

Wer es lieber ländlich mag, findet weltweit Bauernhöfe, die gerne Übernachtungsgäste aufnehmen. Die Fremdenverkehrsämter folgender Länder bieten spezielle Broschüren für einen Urlaub auf dem Bauernhof an:
Australien, Belgien, Bulgarien, Dänemark, Finnland, Frankreich, Großbritannien (besonders günstig: Wales), Irland (gegen Gebühr), Island, Niederlande (im „Bed & Breakfast"-Holland-Prospekt), Österreich (jedes Bundesland hat einen eigenen Katalog), Schweiz, Slowenien, Spanien, Ungarn.
In Südtirol haben die Bauern das Tourismusgeschäft selbst in die Hand genommen. Informationen sind beim Südtiroler Bauernbund, Crispistr. 15, I–39100 Bozen erhältlich, Tel. 00 39/4 71/99 94 34.
Auch in Deutschland werden Feriendomizile von den Bauern selbst, nämlich über die Deutsche Landwirtschafts-Gesellschaft angeboten. Den Katalog erhalten Sie gegen Gebühr beim DLG-Verlag, Eschborner Landstr. 122, 60489 Frankfurt.
Daneben kann man bei der Zentrale für Landurlaub (Tel. 02 28/63 12 84) ein 930 Seiten starkes, bebildertes Info-Buch „Ferien auf dem Land" erwerben, in dem 3.200 Bauernhöfe detailliert beschrieben sind.

Bei der Heuernte helfen, die Tiere im Stall füttern oder Obst aufklauben – mit Kindern bietet sich ein ländlicher Urlaub auf dem Bauernhof geradezu an.

Zusätzlich bestehen in den einzelnen Bundesländern Arbeitsgemeinschaften, die eigene Kataloge herausgeben. Die Adressen der Organisationen sind zu erfahren bei der Arbeitsgemeinschaft Urlaub auf dem Bauernhof, Tel. 02 28/8 19 82 12.
Adressen von *Pfälzer Winzerhöfen,* die Gäste beherbergen, sind beim Fremdenverkehrs- und Heilbäderverband Rheinland-Pfalz e. V. erhältlich, Tel. 02 61/3 10 79.

Beim DLG-Verlag (Adresse siehe S. 25) gibt es für fünf Mark die Broschüre „Ferien auf dem Winzerhof".

EINSAME INSELN ZU VERMIETEN

Sie sind reif für die Insel und wollen von der Menschheit nichts mehr hören und sehen? Kein Problem. Mieten Sie sich Ihr privates Robinson-Idyll – und dann nichts wie weg!
Einsame Inseln gibt´s schon für 9,90 US-$ pro Tag. Vladi Island Travel in Hamburg (Tel. 0 40/33 89 89) hat sich auf die Vermietung von Urlaubsinseln konzentriert, von Kanada über Neuseeland bis zur Südsee. Im Katalog des Veranstalters (Schutzgebühr 10 Mark) werden Trauminseln in vier Kategorien vorgestellt:

- **Robinson-Inseln** sind völlig unerschlossene Eilande, auf denen man ab 9,90 US-$ pro Nacht in der selbst mitgebrachten Hängematte übernachtet. Was zum Leben gebraucht wird, muß ebenfalls mitgebracht werden. Und wer Hunger hat, muß einen Fisch fangen, ein Lagerfeuer machen, den Fisch grillen ...
- Die **Selbstversorger-Inseln** bieten schon etwas mehr Komfort. Hier steht ein Inselhaus (meist mit Strom und Telefon) zur Verfügung mit Bett und Herd. Der Fisch muß bei dieser Variante nur noch gefangen und gebraten werden.
- Kategorie drei ist für diejenigen, die sich gerne verwöhnen lassen: Auf den **Full-Service-Inseln** wird der Fisch vom Personal zubereitet und serviert – wenn Sie möchten, auch am Strand.
- Die vierte Kategorie, die sogenannten **Resort-Inseln**, sind kleine Insel-Paradiese mit Hotel oder einer Bungalowanlage. Hier können Sie beim Fischessen Leute kennenlernen.

TIP Auf der *Original-Robinson-Crusoe-Insel* vor Chile können Sie sich für 75 US-$/Tag einmieten.

BED & BREAKFAST

Zimmer mit Frühstück bei privaten Gastgebern – diese Möglichkeit gibt es vor allem in angelsächsischen Ländern, aber auch in Holland und Österreich. Nachfolgend eine Liste der Fremdenverkehrsämter, die „Bed & Breakfast"-Infos bereithalten und Reservierungen durchführen.

Barbados: ab 15 US-$ pro Person/Nacht (Liste mit Adressen und Telefonnummern von preiswerten Guest-Houses, Appartements und „Bed & Breakfast"-Anbietern beim Fremdenverkehrsamt).

Chile: In fast jeder chilenischen Stadt wird „Bed & Breakfast" angeboten. Informationen erhalten Sie beim Chilenischen Fremdenverkehrsamt (Adresse siehe Anhang).

Finnland: „Bed & Breakfast" ab ca. 22 Mark; die Broschüre „Günstig übernachten" ist kostenlos beim Finnischen Fremdenverkehrsamt erhältlich.

Neuseeland: Das Fremdenverkehrsamt hält mehrere Broschüren über preiswerte Übernachtungsmöglichkeiten bereit: „Bed & Breakfast", „Backpackers" – für Rucksackreisende, „Camp, Cabin & Caravan Association Directory" – für Wohnmobil-Traveller.

Niederlande: B & B im gesamten Land können Sie über das Holländische Fremdenverkehrsamt buchen. Informationen hierzu finden Sie im „Bed & Breakfast"-Holland-Prospekt.

USA: Bei folgenden Agenturen können Sie direkt buchen:

Bed & Breakfast Accomodations Ltd., P. O. Box 12011, Washington, D. C. 20005, USA, Tel. 0 01-2 02/3 28 35 10, Fax: 0 01-2 02/3 32 38 85.

Bed & Breakfast Co. Tropical Florida, P. O. Box 262, S. Miami, FL 33243, USA, Tel./Fax: 0 01-3 05/6 61 32 70.

Bed & Breakfast International, P. O. Box 282910, San Francisco, CA 94128-2910, USA, Tel. 0 01-4 15/6 96 16 90, Fax: 0 01-4 15/6 96 16 99.

Bed & Breakfast New York, Att.: Lois Rooks, P. O. Box 407, New York, N. Y. 10185, USA, Tel. 0 01-2 12/9 56 31 25, Fax: 0 01-2 12/2 47 32 74.

Affordable Paradise Bed & Breakfast, Gabriele Finn, 226 Pouli Road, Kailua, Oahu, HI 96734 (Hawaii), Tel. 0 01-8 08/2 62 78 65, Fax: 0 01-8 08/2 61 73 15.

Bed & Breakfast Texas Style, 4224 W. Red Bird Lane, Dallas, TX 75237, USA, Tel. 0 01-2 14/2 98 85 86, Fax: 0 01-2 14/ 2 98 71 18.

Weltweit: Das Anglo-American-Reisebüro (AAR) vermittelt B&B-Angebote auf der ganzen Welt. Informationen über: AAR, Tel. 0 54 04/96 08-0, der Katalog kostet 8 Mark (vorab in Briefmarken).

Wo das Mittelmeer noch Einsamkeit bietet

Italien

Rund um den italienischen Stiefel liegen einige kleine Inselgruppen abseits der touristischen Trampelpfade. Zu ihnen gehören z. B. Pantelleria und die Pelagischen Inseln im Süden Siziliens, die Pontinische Insel Ponza westlich von Ischia, die Liparischen Inseln im Tyrrhenischen Meer (Stromboli, Vulcano, Lipari und mehrere kleine Inselchen, auch Äolische Inseln genannt). All diese Inseln sind oft nur mit der Fähre oder einer Segelyacht zu erreichen. Wirklich einsam sind sie allerdings nur in der Vor- und Nachsaison. Im August tummelt sich hier meist die italienische Schickeria, die weiß, wo's am schönsten ist.

Pantelleria

Rund 100 Kilometer südwestlich von Sizilien, auf dem halben Weg zur tunesischen Küste, liegt die Insel Pantelleria. Ein echter Geheimtip, vor allem im Herbst. Denn der Lage entsprechend ist das Klima der Insel warm vom Frühjahr bis weit in den November hinein. Pantelleria hat einiges zu bieten: eine phantastische Landschaft, Grotten, tropische Vegetation, arabisch beeinflußte italienische Küche, einen Salzsee und ein Naturdampfbad mit heißen Quellen. Sandstrände sucht man auf der Insel vergeblich, ebenso Anzeichen von Massentourismus. Die inseltypischen Ferienhäuser mit Lavawänden und Dachkuppeln werden ab 25 Mark pro Person vermietet (Zimmervermittlung nur vor Ort). Pantelleria erreicht man per Flugzeug mit der Alitalia über Palermo oder mit der Siremar-Fähre von Trapani/ Sizilien aus.

HOTEL-TIP Nicht billig, aber angenehm gut ausgestattet, mit Swimmingpool und zahlreichen Sportmöglichkeiten: Hotel „Cossyra" in Mursia, geöffnet von April bis Oktober, drei Sterne, DZ ab ca. 110 Mark/Person, Tel. 00 39/9 23/91 11 54.

Pelagische Inseln

Sie liegen näher an Tunesien als an Sizilien, ca. 130 Kilometer östlich der tunesischen Küste, 100 Kilometer südlich von Pantelleria. Entsprechend ist das Klima: mediterran mit milden Wintern und afrikanisch heißen Sommern. Zur Inselgruppe gehören die Hauptinsel **Lampedusa** und die kleineren Eilande **Linosa** und **Lampione**. Die Inseln sind per Fähre von Porto Empedocle/Sizilien aus zu erreichen oder mit der Alitalia über Palermo nach Lampedusa. Auf den Pelagischen Inseln finden sich nur im August Anzeichen von Tourismus, sonst herrscht Ruhe in den beschaulichen Dörfern am Ende Europas.

HOTEL-TIP Ganzjährig geöffnet ist das Zwei-Sterne-Haus „Hotel Royal" im Zentrum von Lampedusa-Stadt, (DZ ab 180 Mark/Nacht), Tel. 00 39/9 22/97 01 23, eine gute Anlaufstelle, um sich von hier aus ein optimales Feriendomizil zu suchen.

Ponza und die **Pontinischen Inseln**

Die Insel Ponza hat einen der ungewöhnlichsten Häfen im Mittelmeer: Er ist wie ein Amphitheater angelegt, wobei das Meer die Bühne bildet, auf der die Schiffe täglich ein neues Schauspiel liefern. Die Insel verfügt aber auch über eine imposante Zisterne und bezaubernde Klippen und Buchten, allen voran der Prachtstrand Chiaia di Luna (Vollmond). Die anderen Pontinischen Inseln **Ventotene** (mit einem in Stein gehauenen Felsen-Hafen) und **Santo Stefano** (eine stillgelegte Gefängnisinsel mit begehbaren Zellenruinen) sind zu klein für einen längeren Aufenthalt.

HOTEL-TIP „Hotel Chiaia di Luna" auf Ponza mit Blick über die Bucht (ca. 110 Mark pro Person/Nacht), Tel. 00 38/7 71/ 8 01 13.

Liparische Inseln

Diese Inseln vulkanischen Ursprungs mit noch aktiven Kratern auf **Vulcano** und **Stromboli** werden auch Äolische Inseln (Isole Eole) genannt. Neben der Hauptinsel **Lipari** zählen noch die kleinen Inseln **Panarea**, **Alicudi** und **Filicudi** dazu. Sie sind mit der Fähre von Neapel oder Milazzo/Sizilien aus zu erreichen. Auf Lipari gibt es sehr schöne Hotels und Strände, auch Vulcano und Stromboli sind einen Aufenthalt wert, zumal man die Vulkane erklettern und besichtigen kann.

HOTEL-TIP „Hotel Gattopardo Park", Lipari-Stadt, fünf Minuten vom Strand entfernt, DZ ab 120 Mark/Nacht, Tel. 00 39/ 90/1 10 35.

Malta

Gozo und **Comino,** die reizenden kleinen Schwesterinseln Maltas, können zwar schon pauschal gebucht werden. Trotzdem sind sie unter den Mittelmeerinseln durchaus zu empfehlen. Comino ist nur 3 Kilometer lang und steht unter Naturschutz. Autos gibt es keine, nach Gozo und Malta fährt man mit dem Boot. Auf der winzigen Insel stehen nur zwei Gebäude, die Hotels Comino und Nautico. Sie können von Deutschland aus gebucht werden (z. B. Kreutzer). Die Anreise erfolgt mit der Autofähre vom Malta-Hafen Cirkewwa aus, nach Comino ist sie nur im Sommer möglich. Preiswerte Übernachtungsmöglichkeiten auf den beiden Inselchen sind auch im Hotel-Guide des Fremdenverkehrsamtes Malta aufgelistet (Adresse siehe Anhang).

Zypern

An der Nordwestspitze des griechischen Teils der Insel liegt der kleine Hafen **Latchi.** Dort stehen keine Hotelkasernen. Das Leben läuft gemächlich ab wie seit ewigen Zeiten im Mittelmeerraum. Adressen von Quartiergebern sind im Hotelführer des Fremdenverkehrsamtes zu finden (Adresse siehe Anhang).

Spanien

Nicht am Mittelmeer, sondern am Atlantik liegen die ursprünglichsten Badestrände Spaniens – nämlich im Süden Andalusiens, an der **Costa de la Luz**. Hier, wo die Spanier Urlaub machen, ist die Landschaft noch intakt. Auch das Hinterland der „Küste des Lichts" hat einiges zu bieten: Im Nationalpark Coto de Donana streunen wilde Pferde in den Salzmarschen. Wer lieber auf historischen Pfaden wandelt, kann auf der Kolumbus-Route das Kloster La Rabida besuchen, wo der unternehmungslustige Seefahrer in seinen Plänen unterstützt wurde, die Neue Welt zu erobern. An der Costa de la Luz werden im Winter auch sehr preiswerte Langzeiturlaube angeboten (z. B. Jahn-Reisen).

Balearen/Menorca

Die „kleinste und feinste" der Balearen ist eine Mittelmeerinsel für Kenner: Dank einer starken Umweltschutz-Lobby und strikter Bauvorschriften konnte sie ihre ursprüngliche Schönheit und viele kleine Badebuchten mit klarem Wasser bewahren.

Ibiza

Die verrückte Jet-set-Insel hat auch ihre ruhigen Seiten. Abseits der Trampelpfade findet man auf Ibiza gute Hotels zu Preisen, die sich sehen lassen können.

Mallorca

Überfüllte Strände, laute Discos, Ramba Zamba und Sangria – natürlich finden Sie auch das auf Mallorca. Aber das ist nur die eine Seite der Balearen-Insel. Von der anderen schwärmen die Kenner. Wer auf Mallorca die Einsamkeit sucht, muß sich von der Süd- und der Ostseite fernhalten. Im Landesinneren findet man ruhige Fincas, und an der Westküste gibt es noch manche verschwiegene Bucht. Vor allem die Südwestecke der Insel ist wildromantisch, ursprünglich und bildschön, zum Beispiel der malerische Küstenort **San Telmo,** ein kleines Nest hinter der Stadt Andraitx, ca. 32 Kilometer westlich von Palma. Hochhäuser und große Hotels sucht man hier vergebens. Dafür entdeckt man auf Wanderungen durch harzduftende Pinienwälder alte Burgen, Wachtürme, ein verfallenes Trapistenkloster sowie eine geheimnisvolle Tropfsteinhöhle. Und am weißen Sandstrand ist immer noch ein Plätzchen frei. Informationen beim Fremdenverkehrsamt (Adresse siehe Anhang).

Fluss-Kreuzfahrten in Europa

Ob Wolga, Donau oder Seine – auf fast jedem größeren europäischen Fluß schippern Kreuzfahrtschiffe mit zahlenden Passagieren flußauf- oder flußabwärts. Fluß-Kreuzfahrten werden immer beliebter. Schon jeder vierte deutsche Kreuzfahrer zieht eine Schiffsreise auf dem Fluß einer Tour auf dem Meer vor. Die unterschiedlichen Routen gehen beispielsweise von Basel nach Amsterdam auf dem Rhein, von Wien nach Budapest auf der Donau, von Nürnberg nach Budapest auf Main und Donau oder auch von Moskau nach St. Petersburg.

Folgende Reiseveranstalter bieten Fluß-Kreuzfahrten an:
Air Maritime, Ameropa, Cunard, DER, Hapag-Lloyd Tours, Olympia Reisen, Phoenix-Reisen, Reederei Deilmann, Reederei Köln-Düsseldorfer, Reisebüro Norden, seetours (Adressen siehe Anhang, Kataloge im Reisebüro).

Deutsche Paradiese an der Ostsee

Usedom – „Die Riviera der Ostsee“ ist viermal so groß wie Sylt und liegt zwischen Oderbucht und Ostsee an der vorpommerschen Küste. Die „Badewanne der Berliner“ ist zwar im Sommer ziemlich überlaufen, im Frühjahr und im Herbst aber allemal eine Reise wert, obwohl die Ostsee dann zum Baden zu kühl ist. Informationen über: Fremdenverkehrsverband Insel Usedom, 17454 Zinnowitz, Tel. 03 83 77/28 84.
Zu den ersten Adressen der deutschen Ostsee-Ferienziele gehören die Ferieninseln **Rügen** und **Hiddensee.** Von Rügen schwärmte schon der Dichter Theodor Fontane, der seine Effie Briest 1895 nach Saßnitz zur Erholung reisen ließ. Und der Maler Caspar David Friedrich verewigte den Kreidefelsen der einst mondänen Insel. Heute gehört die Ostsee-Perle nicht mehr zu den Treffpunkten des Jet-sets, aber mit zu den schönsten Ferienzielen in Deutschlands Nordosten. Obwohl sich – vor allem auf Rügen – das Niveau sowohl der Unterkünfte als auch der Preise sehr schnell auf Weststandard eingependelt hat, gibt es auch noch preiswerte Schlafstätten, das Angebot an Privatunterkünften (ca. 25 Mark für Übernachtung mit Frühstück) ist groß. Einen traumhaft gelegenen Schlafplatz in einem lichten Kiefernwald direkt am Strand finden Camper auf dem Campingplatz Göhren (Tel. 03 83 08/21 22).

TIP Dem Stau auf dem Rügendamm, der einzigen Landverbindung zur Insel, entgeht man auf dem Wasserweg: Die zwischen Stahlbrode und Glewitz verkehrende Fähre befördert Pkw mit zwei Personen für 8 Mark (Stand August 94).

Informationen über: Fremdenverkehrsverband Rügen, August-Bebel-Str. 12, 18586 Sellin, Tel. 03 83 03/3 34. Ferienhäuser vermieten unter anderem die Veranstalter „Frosch Ferienhäuser" und „Sander Touristik". Besonders reizvoll: Fahrradtouren im Frühjahr und im Herbst, am schönsten natürlich auf der autofreien Künstler-Insel **Hiddensee**. Die kleine westliche Nachbarinsel Rügens mit ihren 17 km Länge können auch Ungeübte locker an einem Tag durchradeln. Informationen über: Tourist-Information der Insel Hiddensee, 18565 Vitte, Tel. 0 38/2 42/3 20.

„Die **Kurische Nehrung** ist so merkwürdig, daß man sie eigentlich ebensogut wie Spanien und Italien gesehen haben muß, wenn einem nicht ein wunderbares Bild in der Seele fehlen soll", behauptete Wilhelm von Humboldt, Bruder des bekannten Naturforschers Alexander von Humboldt. Dieser Ausspruch ist heute so aktuell wie damals. In den letzten Jahrzehnten waren das Kurische Haff und die Memel-Mündung für die Öffentlichkeit total gesperrt. Positive Auswirkung der bürgerfeindlichen Maßnahme: Seltene Tiere und Pflanzen siedelten sich dort an, vom Elch bis zum Seeadler. Das Kurische Haff – ein flaches Gewässer, dreimal so groß wie der Bodensee – ist durch einen Landstreifen mit 60 Meter hohen Wanderdünen von der Ostsee getrennt. Auf diesem Landstreifen findet man noch Fischerdörfer wie aus alter Zeit: Fischernetze trocknen auf Gestellen, und daneben wird der frische Fisch geräuchert. Ausflugsmöglichkeiten nach Königsberg, zum Thomas-Mann-Haus in Nidden oder ins romantische Memel sorgen dafür, daß es nicht zu einsam und ruhig wird. Die früher ostpreußische Kurische Nehrung gehört heute je zur Hälfte zu Litauen und zur russischen Enklave Kaliningrad. Veranstalter: DNV-Tours, Tel. 0 71 54/1 31 83-0, Rautenberg-Reisen, Blinke 8, 26769 Leer, Tel. 04 91/92 97 03.

Nationalparks – unberührte Landschaften in Europa und andernorts

Die Idee, großflächig intakte Landschaften als „Nationalparks" zu schützen und auf die Ausbeutung der Bodenschätze zu verzichten, entstand im 19. Jahrhundert. Einer der Hauptgedanken war, grandiose Naturwunder so weit wie möglich unberührt zu lassen, um auch nachfolgenden Generationen den Anblick natürlicher Landschaften zu ermöglichen. 1872 wurde in den USA der Yellowstone-Nationalpark als erster seiner Art definiert.

Nationalparks sind nach internationalem Verständnis großräumige Naturlandschaften von nationalem Rang. Sie umfassen Ökosysteme, die vom Menschen gar nicht oder nur wenig beeinflußt sind. Hauptsächlich dienen sie der Erhaltung eines möglichst artenreichen heimischen Tier- und Pflanzenbestandes. In Nationalparks bleibt die Natur im Sinne einer ungestörten Entwicklung weitgehend sich selbst überlassen. Eine wirtschaftliche Nutzung ist nicht zugelassen, genausowenig wie die Jagd. Allerdings stehen Nationalparks für Menschen offen, soweit es der Schutzzweck erlaubt. Denn Nationalparks dienen auch dem Naturerlebnis, der Bildung und nicht zuletzt der Erholung der Besucher.

Nationalparks als „erschwingliche Paradiese"

Im Nationalpark ist die Begegnung mit der ursprünglichen Natur noch möglich. Geführte Wanderungen, Führungen und Exkursionen für interessierte Besucher gehören zum Standardangebot. Wer so etwas nutzt, kann besonders interessante Erlebnisse und Einsichten mit nach Hause nehmen. In einigen der europäischen Nationalparks gibt es großzügig angelegte und ausgestattete Besucherzentren. Fast alle Verwaltungen bieten Faltblätter, Karten, Bücher und anderes Informationsmaterial an. Natürlich können Sie Nationalparks auch unabhängig und individuell erwandern. Da aber das vordringlichste Ziel eines Nationalparks der Schutz von Landschaft und Tierwelt ist, betrachten Fachleute den touristischen Erfolg der Nationalparks mit gemischten Gefühlen: Einerseits soll die schöne Landschaft auch der Erholung der Menschen dienen, andererseits muß der Besucherstrom in vernünftige Bahnen gelenkt werden.

Nationalparks üben eine große Anziehungskraft auf Touristen aus. Die angenehme Folge: In der unmittelbaren Umgebung von Nationalparks können Sie mit einer umfassenden touristischen Infrastruktur rechnen wie z. B. Hotels und Restaurants.

i Informationen über Unterkünfte in allen Preisklassen erhalten Sie bei den Fremdenverkehrsämtern der Bundesländer (Adressen siehe Anhang).

Nationalparks in Deutschland

Nationalpark Bayerischer Wald
Freyunger Straße 2
94481 Grafenau
Tel. 0 85 52/9 60 00,
Fax: 0 85 52/13 94

Nationalpark Berchtesgaden
Doktorberg 6
83471 Berchtesgaden
Tel. 0 86 52/9 68 60,
Fax: 0 86 52/96 86 40

Nationalpark Hamburgisches Wattenmeer
Steindamm 22
20099 Hamburg
Tel. 0 40/2 48 60,
Fax: 0 40/24 86 32 93

Nationalpark Harz
Clausthaler Straße 11
37444 St. Andreasberg
Tel. 0 55 82/13 82,
Fax: 0 55 82/86 12

Nationalpark Hochharz
Lindenallee 35
38855 Wernigerode/Harz
Tel. 0 39 43/5 50 20,
Fax: 0 39 42/55 02 37

Nationalpark Jasmund
Postfach 22
18540 Saßnitz
Tel. 03 83 92/3 50 11,
Fax: 03 83 92/3 50 54

Nationalpark Müritz
Specker Schloß
17192 Speck
Tel. 0 39 91/73 92 01,
Fax: 0 39 91/73 91 05

Nationalpark Niedersächsisches Wattenmeer
Vorchowstr. 1
26382 Wilhelmshaven
Tel. 0 44 21/40 82 71,
Fax: 0 44 21/40 82 80

Nationalpark Sächsische Schweiz
Schandauer Straße 36
01824 Königstein
Tel. 03 50 21/2 29,
Fax: 03 50 21/4 46

Eine besondere Attraktion bietet der zwischen Elbmündung und dänischer Grenze gelegene **Nationalpark Schleswig-Holsteinisches Wattenmeer:** Wattflächen, Strand, Salzwiesen, Buchten und unbewohnte Halligen auf einer Gesamtfläche von 285.000 Hektar mit seltenen Vögeln, Wattwürmern und Seehunden. Interessierten Besuchern werden geführte Wattwanderungen und Bootsausflüge zu den Seehundbänken angeboten, wobei man nur mit der Watt-Fauna auf Tuchfühlung gehen kann – die Seehunde dürfen lediglich aus sicherer Entfernung vom Boot aus bestaunt werden.

i Informationen über den *Nationalpark Schleswig-Holsteinisches Wattenmeer* sowie über Urlaubsmöglichkeiten in der Nationalpark-Region versendet der Nordseebäderverband Schleswig-Holstein e. V., Postfach 1611, 25806 Husum, Tel. 0 48 41/89 75-0, Fax: 0 48 41/48 43.

Nationalpark Schleswig-Holsteinisches Wattenmeer
Schloßgarten 1
25832 Tönning
Tel. 0 48 61/61 60, Fax: 0 48 61/4 56

Nationalpark Vorpommersche Boddenlandschaft
Im Forsthaus
18375 Born
Tel. 03 82 34/2 95, Fax: 03 82 34/2 95

Nationalparks in Österreich

Nationalpark Hohe Tauern/Kärnten
Döllach 14
A–9843 Großkirchen
Tel. 00 43/48 25/61 61

Nationalpark Hohe Tauern/Salzburg
Nationalpark Verwaltung
A–5741 Neukirchen am Großvenediger
Tel. 00 43/65 65/65 58, Fax: 00 43/65 65/66 20 18

Nationalpark Hohe Tauern/Tirol
Rauterplatz 1
A–9971 Matrei in Osttirol
Tel. 00 43/48 75/51 61

Nationalpark Neusiedler See
Apetloner Hof
A–7143 Apetlon
Tel. 00 43/21 74/34 42

Nationalpark Nockberge
Verwaltung
A–9565 Ebene Reichenau 22
Tel. 00 43/42 75/6 65

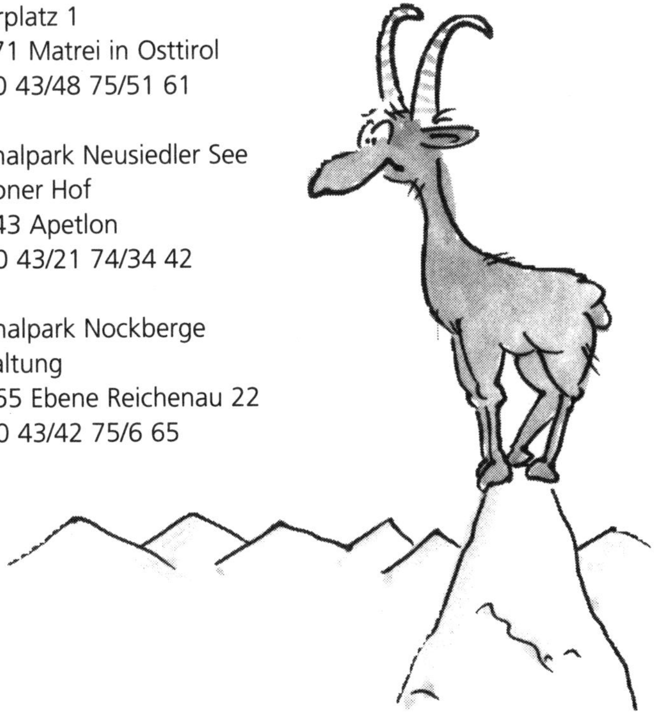

NATIONALPARKS INTERNATIONAL

Fast 300 Nationalparks gibt es derzeit in Europa, Tendenz steigend. Eine kostenlose Liste mit Telefonnummern und Adressen der europäischen Nationalparks erhalten Sie bei:
FNNPE (Föderation der Natur- und Nationalparks Europas)
Kröllstr. 5
94481 Grafenau
Tel. 0 85 52/28 39, Fax: 0 85 52/32 42.

Die umfassendste Information in deutscher Sprache zum Thema amerikanische Nationalparks bietet der 432 Seiten starke GEO-Guide „USA Nationalparks" (39,90 Mark) mit Karten, Routenbeschreibungen und aktuellen Adressen. Bestell-Nr. G0651, GEO-Leserservice, Postfach, 20080 Hamburg.

Ein vollständiges Verzeichnis sämtlicher Nationalparks und Biosphärenreservate der Erde ist die „United Nations List of National Parks and Protected Areas". Es gibt sie bisher nicht in deutscher Sprache. Die dreisprachige Liste (englisch/französisch/spanisch) kostet 30 US-$ und kann bestellt werden unter der Order-Nummer B 1071 bei:
IUCN (Internationale Union zum Schutz der Natur), World Conservation Union, Rue Mauverney 28, CH–1196 Gland, Tel. 00 41/22 99/9 00 01.

Buchtip: Wer mehr über europäische Nationalparks wissen möchte, sollte einen Blick in den äußerst informativen Bildband „Die Nationalparks Europas" (Bibelriether/Schreiber, Südwest Verlag) werfen. In diesem aufwendig gestalteten Buch werden die europäischen Nationalparks umfassend von den jeweiligen Nationalpark-Direktoren vorgestellt.

Preiswerte Schneeparadiese

Skifahren und Umweltschutz – das muß kein Widerspruch sein. Vorab einige Anregungen des Deutschen Alpenvereins, damit Sie Ihren Skiurlaub „umweltbewußt" genießen können:

- Geben Sie bei der Planung Ihres Winterurlaubs solchen Gemeinden den Vorzug, die sich für die **ökologische Pistenpflege** engagieren und auf eine großflächige künstliche Beschneiung verzichten.
- **Beachten Sie die Abfahrtsmarkierungen:** Wildes Skifahren abseits der markierten Pisten gefährdet nicht nur den Jungwald, sondern auch die selten gewordenen Birk- und Schneehühner. Sie verlieren durch Fluchtverhalten oft so viel Energie, daß sie erfrieren oder verhungern.
- **Verzichten Sie bei wenig Schnee auf den Skispaß**! Wenn nicht mehr als dreißig Zentimeter Schnee ohne Unterlage den Boden bedecken, sollten Sie die Ski abschnallen, denn jeder Schwung könnte die wertvolle Vegetationsdecke empfindlich verletzen.

Sachsen: Das Erzgebirge lockt

Am „sächsischen Nordpol" rund um den Fichtelberg kommen besonders Langlauf-Fans auf ihre Kosten. Hier trainierten die Langlaufmannschaften der ehemaligen DDR, entsprechend anspruchsvoll präsentieren sich die Loipen. Mehr als 100 Kilometer bestens präparierter Skiwanderwege führen kreuz und quer durch die glitzernden Winterwälder des Erzgebirges. Und wer hoch hinauswill, kann mit der ältesten deutschen Kabinenbahn auf das 1.214 Meter hohe Gipfelplateau des Fichtelberges gondeln. Einer der renommiertesten Wintersportorte in Sachsen ist

Oberwiesenthal – früher wurde es „St. Moritz der DDR" genannt. Die Unterkünfte sind in der ganzen Region preiswert und einfach (DZ im Hotel ab 50 Mark, Privatzimmer ab 20 Mark).

i Informationen über: Fremdenverkehrsverband Erzgebirge, Johannisgasse 23, 09456 Annaberg-Buchholz, Tel./Fax: 0 37 33/2 35 53.

Auf der Loipe durch den Nationalpark

Im Nationalpark Bayerischer Wald wird naturgemäß auf sanften Tourismus geachtet. Das Auto muß draußenbleiben, Besucher dürfen den Wald nur mit Hilfe ihrer Muskelkraft durchqueren – im Sommer auf Schusters Rappen und im Winter auf Langlaufskiern. Die Mühe wird belohnt: atemberaubende Landschaft, herrlich saubere Luft, und am Waldrand warten gemütliche Wirtshäuser mit einer bayerischen Brotzeit.

i Informationen über: Nationalpark Bayerischer Wald, Hans-Eisenmann-Haus, Böhmstr. 35, 94556 Neuschönau, Tel. 0 85 58/13 00, Fax: 0 85 58/26 18.

Winterurlaub in Thüringen

Aus Thüringen stammen Weltmeister und Olympiasieger in mehreren Wintersportarten. Das sollte aber Anfänger nicht davon abhalten, zum Skifahren in den Thüringer Wald zu kommen. Denn die sanft hügelige Landschaft ist ideal für alpine Einsteiger, Langläufer und Skiwanderer. Als aufstrebende Wintersport-Region hat Thüringen einige Trümpfe in der Hand: Bedingt durch das günstige Klima liegt hier der Schnee länger als in vergleichbaren Regionen. Die Unterkünfte sind noch preiswert, und die deftige Thüringer Küche erfreut Leib und Seele nach einem anstrengenden Marsch durch den Winterwald.

i Informationen und Winterprospekt über: Thüringer Landesfremdenverkehrsverband, Tel. 03 61/60 22 34 (Adresse siehe Anhang).

Tirol für Kenner: der Osttiroler Skizirkus

Herrliche Abfahrten und Skilifte ohne Warteschlange – hier können Sie den Wintersport noch richtig genießen. Ein riesiges Skigebiet wartet darauf, entdeckt zu werden. Mit dem Verbund-Skipaß „Glockner – Dolomiten" haben Sie Zugang zu 284 Kilometer Pisten aller Schwierigkeitsgrade in den Regionen Lienzer Dolomiten, Hochpustertal/Tiroler Gailtal, Defereggental und Hohe Tauern Süd mit atemberaubendem Blick auf den Großglockner. Der Tourismusverband Lienz hält günstige Nebensaison-Pauschalen bereit: Eine Woche Unterkunft, Skipaß und Gratis-Transport mit dem Ski- und Sportbus Lienz gibt es schon ab ca. 300 Mark.

i Informationen über: Osttirol-Werbung, Albin-Egger-Str. 17, A–9900 Lienz, Tel. 00 43/48 52/6 53 33, Fax: 00 43/48 52/65 33 32.

Zum Skifahren nach Bulgarien

Pulverschnee-Fans wissen es schon längst: Gut erschlossene Skigebiete und supergünstige Skipässe findet man in Osteuropa.

Skiurlaub in Bulgarien, der Tschechischen und der Slowakischen Republik ist immer mehr im Kommen. Der Vorteil: Schneesicherheit, äußerst günstige Preise und Sporteinrichtungen auf internationalem Niveau.
Allerdings müssen Sie damit rechnen, daß die Unterkünfte bezüglich Komfort und Service nicht unbedingt westlichem Standard entsprechen.
Seit der Wintersaison 94/95 sind **bulgarische Skigebiete** schnell und bequem mit deutschen Charterfluggesellschaften von Düsseldorf, Berlin-Schönefeld und Leipzig aus zu erreichen, z. B. die Skigebiete Pamporovo (21 Kilometer Abfahrten) oder Borovez (35 Kilometer Pisten). Skiurlaub in Bulgarien wird auch schon als Pauschalreise von deutschen Reisebüros angeboten (z. B. TUI).

Skiwandern auf Rübezahls Spuren

Skiwanderer und Langläufer finden im **Riesengebirge** in der **Tschechischen Republik** ideale Bedingungen. Aber auch für Freunde des alpinen Skilaufs gibt es präparierte Pisten für Anfänger (Idiotenhügel) und Fortgeschrittene (Steilhänge und Buckelpisten). Pauschalangebote bei TUI (z. B. eine Woche DZ/Frühstück, eigene Anreise, ab 205 Mark).
Anspruchsvolle Skifahrer sind in der **Slowakischen Republik** gut aufgehoben, z. B. auf einem der vielen Zweitausender in der Hohen und Niederen Tatra. Bekannte Skizentren werden in und um *Jasna/Niedere Tatra* und *Chopok* angeboten. Neu ist ein Hotelprogramm in den *Levotschauer Bergen. Mlynky Terchova* gilt als Tip für Gäste, die Abgeschiedenheit und grandiose Natur lieben.
Pauschalangebote bei TUI, z. B. eine Woche Jasna, DZ/HP, eigene Anreise, ab 276 Mark.

Pulverschnee und Gipfelwind: Geführte Skitouren in den Alpen

Skigenuß der Extraklasse bietet das Reisebüro des Deutschen Alpenvereins, auch für Nichtmitglieder. Der DAV Summit Club veranstaltet Tiefschnee-Safaris, kombinierte Tiefschnee- und Skitourenwochen sowie Ski-Hochtouren in den Alpen an verlängerten Wochenenden, wie z. B. Fasching, Ostern oder Himmelfahrt. Und weil Naturtalente selten sind, werden für Skifahrer, die sich im Tiefschnee noch nicht ganz fit fühlen, einwöchige Trainings- und Tiefschneekurse angeboten. Übernachtet wird zünftig in Skihütten des Alpenvereins, der Trainingsspaß kostet ca. 1.200 Mark für eine Woche Übernachtung/ Halbpension inklusive Skikurs und Skipaß. Wer dann noch einen viertägigen Lawinenkurs absolviert, ist fit für zauberhafte Skitouren vom Arlberg bis zum Montblanc. Die Skiwanderungen und Hochtouren werden von erfahrenen Bergführern geleitet und sind nach dem Grad der konditionellen und technischen Schwierigkeit mit einem Punktesystem bewertet.

i Informationen und Katalog über: DAV Summit Club GmbH, Am Perlacher Forst 186, 81545 München, Tel. 0 89/65 10 72-0, Fax: 0 89/65 10 72 72.

Atemberaubende Landschaften – bekannt aus Film und Fernsehen

Ob weißer Sand mit Palmenstrand, klarer Bergsee oder imposantes Alpenmassiv – besonders malerische Orte werden von Filmemachern gerne als Kulisse verwendet. Kein Wunder, daß die schönsten Gegenden der Welt immer wieder als Hintergrund in Kinofilmen und Fernsehserien auftauchen. Lassen Sie sich von der nachstehenden Liste inspirieren. Vielleicht sind Sie ja in Ihrem Urlaub gerade in der Nähe, dann werden Sie in diesen Ecken der Welt ganz sicher filmreife Urlaubsfotos schießen können ...

Wo wurde was gedreht?

Bahamas – Flipper (TV-Serie)
Bahamas – James Bond „Feuerball"
Chile/Osterinseln – Rapa Nui
Deutschland/Berlin und Umgebung, vor allem an der Havel – Der Havelkaiser
Deutschland/Sächsische Schweiz/Wehlen – Elbflorenz (TV-Serie)
Frankreich/Nizza, Hotel Negresco – Über den Dächern von Nizza"
Jordanien/Felsenstadt Petra – Indiana Jones „Der letzte Kreuzzug"
Kenia/Amboseli-Nationalpark – Jenseits von Afrika
Kenia/Amboseli-Nationalpark – Schnee am Kilimandscharo
Mauritius/Port Louis – Tropical Heat (TV-Serie)
Österreich/St. Wolfgang am Wolfgangsee – Das Weiße Rößl am

Wolfgangsee
Österreich/Tirol, Mieminger Plateau – Bergdoktor (TV-Serie)
Österreich/Velden am Wörthersee – Ein Schloß am Wörthersee (TV-Serie)
Österreich/Wörthersee – Drei zum Verlieben (TV-Serie)
Seychellen/Insel La Digue – Bacardi-Werbespot
Thailand/Phang-Nga-Felsen – James Bond „Der Mann mit dem goldenen Colt"
Türkei/Istanbul, Yerebatan-Zisterne – James Bond „Liebesgrüße aus Moskau"
USA/Hawaii/Insel Kaui – Jurassic Park
USA/Montana – Und aus der Mitte entspringt ein Fluß
USA/South Carolina/Charleston – Fackeln im Sturm (TV-Serie)
West-Samoa – Flucht ins Paradies (TV-Dreiteiler)

Tips für „Filmreife“ paradiesische Urlaubsfotos

Oft sind es nur ein paar kleine Tricks, die aus mittelmäßigen Schnappschüssen tolle Urlaubsfotos machen. Wir verraten Ihnen, wie Sie Landschaften und Personen am besten in Szene setzen und worauf Sie bei der Kamera-Ausrüstung und dem Filmmaterial achten sollten.

Die Motive

■ Wenn Sie **Personen** fotografieren wollen: Diese sollten immer groß im Bild sein. Gehen Sie möglichst nah an die Person heran, und achten Sie darauf, daß der Hintergrund ruhig ist. Bei einer Spiegelreflex-Kamera die Blende öffnen.
Achten Sie auf Licht und Schatten im Gesicht. Sonnenlicht macht meist harte Schatten; wenn es direkt von vorne kommt, blendet es. Am besten stellen Sie sich und Ihr Porträt-Modell in den Schatten.
Es sollte selbstverständlich sein, daß Fremde immer erst gefragt werden, bevor man sie fotografiert. Oder möchten Sie dauernd ungefragt von fremden Leuten bei der Arbeit geknipst werden?

■ Wenn Sie **Kinder** fotografieren, sollten Sie in die Hocke gehen, damit die Kamera mit dem Kind auf Augenhöhe ist. So wirken Kinderfotos am natürlichsten.

■ **Exotische Motive**: Besonders reizvolle Fotomotive gibt es auf Märkten, z. B. buntes Obst und Gemüse, Blumen, Fische, Gewürze.

Auch hier gilt: Ran ans Motiv! Wenn Sie z. B. tropische Früchte ganz aus der Nähe fotografieren und dabei noch darauf achten, daß möglichst nur zwei Farben (z. B. Grün und Gelb in allen Schattierungen) auf dem Bild erscheinen, bekommen Sie sehr ausdrucksstarke Fotos.

■ **Landschaften:** Der Blick über eine weite Landschaft gelingt auf Fotos am besten, wenn Sie vormittags fotografieren. Die tiefstehende Sonne produziert Schatten, die die Landschaft plastischer erscheinen lassen.
Außerdem ist der Himmel in den Morgenstunden zumeist noch nicht so dunstig. Auch Fotos von Felsenküsten entlang den Küstenstraßen von Inseln gelingen Ihnen am besten vormittags.

■ Achten Sie auf den Horizont! Wenn Sie bei **Landschaftsaufnahmen** die Kamera schief halten, rutscht der Horizont auf einer Seite nach unten weg. Das sieht später einfach unnatürlich aus. Also: Kamera gerade halten! Interessant wirkt es, wenn der Horizont das Bild in etwa zwei zu eins teilt (der sogenannte Goldene Schnitt), also zwei Drittel Himmel und ein Drittel Erde oder umgekehrt.

■ Für **Nachtaufnahmen** oder Fotos in der Dämmerung nach Sonnenuntergang brauchen Sie ein Stativ.

■ Auf Fotos von **blauem Himmel**, Strand und Meer wirkt der Himmel oft interessanter und lebendiger, wenn einige Wolken das Blau aufhellen.

■ Die **Farben** werden besonders kräftig, wenn Sie mit dem Rücken zur Sonne fotografieren.

FOTOGRAFIEREN IN DEN TROPEN

▪ Hohe **Luftfeuchtigkeit** ist das Hauptproblem beim Fotografieren in den Tropen. Solange die Filme noch eingeschweißt sind, ist die Verpackung wasserdicht.
Bereits geöffnete Filmpackungen gehören in einen dichten Behälter, zusammen mit einigen Päckchen feuchtigkeitsabsorbierendem Silica-Gel (notfalls helfen auch Reiskörner). Außerdem sollten die Filme immer vor Hitzeeinwirkung geschützt werden.

▪ Am frühen Morgen oder nachmittags ist die beste Zeit zum Fotografieren. In der Zeit zwischen 10 und 14 Uhr wird die Sonneneinstrahlung bei klarem Himmel so stark, daß die Kontraste oft zu hart werden.
Die der Sonne direkt ausgesetzten Motivpartien wirken schnell zu grell, Gegenstände im Schatten hingegen verdunkeln bis zur Unkenntlichkeit.
Wenn die Sonne zu hoch steht, macht sich das auch durch den gefürchteten **Blaustich** bemerkbar. Ein Skylight-Filter hilft in diesen Fällen.

▪ In der **Regenzeit** ist die Luft klar, was sich auf die Qualität der Fotos günstig auswirkt.

▪ Im **tropischen Regenwald** sind die Lichtverhältnisse ganz anders. Hier ist es so dunkel, daß Sie mit einem 100-ASA-Film oft nicht weit kommen.
Für dieses Motiv sollten Sie nach Möglichkeit immer einen Vorrat an lichtempfindlichen Filmen bereithalten (am besten gleich von zu Hause mitnehmen, weil sie vor Ort oft schwer erhältlich oder noch teurer sind als in Deutschland).

DIE AUSRÜSTUNG

■ Je teurer die Ausrüstung, desto wichtiger wird die **Kameratasche**. Eine gute Kameratasche ist gut gepolstert, läßt sich leicht öffnen und schließen, verträgt Schmutz und Wasser (da sie oft auf dem Boden steht), hat möglichst wenig Eigengewicht und flexibel einsetzbare Unterteilungsmöglichkeiten. Empfehlenswert ist eine separate Außentasche mit schnellem Zugriff auf Papiere, Geld, Schreibmaterial etc.

■ Nehmen Sie auf alle Fälle **Ersatzbatterien** in den richtigen Größen mit, denn oft sind diese am Urlaubsort sehr teuer oder gar nicht zu bekommen.

■ Wenn Sie einen Akku benutzen, um Batterien wieder aufzuladen, brauchen Sie im Ausland oft einen passenden **Zwischenstecker** für die Steckdose.

■ Die meisten Kameras reagieren empfindlich auf **Spritzwasser** und Sand. Für Fotos am und im Wasser gibt es **Schutzgehäuse**, die bis zu fünf Metern Wassertiefe dicht sind.

■ Besonders in sonnigen Gefilden bewährt sich eine **Streulichtblende**. Sie hält Lichtstrahlen ab, die seitlich auf das Objektiv fallen. Denn alle Lichtstrahlen, die nicht von vorne, sondern seitlich auf das Objektiv treffen, mindern den Kontrast. Die Folge: Die Fotos wirken irgendwie flau, die Farben sind blaß. Die Benutzung einer Streulichtblende hingegen läßt die Farben leuchtender wirken.

■ **Sand, Staub, Hitze und Feuchtigkeit** sind Gift für jede Kamera-Ausrüstung. Wenn Sie Ihre Kamera an den Strand mitnehmen, gönnen Sie ihr ein schattiges Plätzchen. Vorsicht vor dem allgegenwärtigen Sand! Fassen Sie die Kamera auch nicht mit frisch eingecremten Händen an, um nicht alles zu verschmieren (Sucher, Linse ...).

FILME UND FOTOMATERIAL

■ Foto- und Filmmaterial **kaufen** Sie am besten vor der Abreise **in Deutschland**. Die Auswahl ist größer, der Preis meist günstiger, und die Filmqualität entspricht im Urlaubsland nicht immer unserem gewohnten Standard.

■ **Billige Farbfilme** sind oft genauso gut wie die teuren. Wie eine Untersuchung der Stiftung Warentest (Zeitschrift „Test", Juni 1994) ergab, können die Qualitätsunterschiede zwischen teuren und billigen Farbnegativ-Filmen meist nur mit sensiblen Testgeräten nachgewiesen werden. Wenn es um Schärfe und Feinkörnigkeit geht, erzielt man laut Stiftung Warentest mit den preiswerten ISO-100-Farbfilmen die besten Ergebnisse. Für Urlaubsfotos, die normalerweise bei hellem Tageslicht aufgenommen werden, ist eine höhere Lichtempfindlichkeit nicht nötig.

■ Vorsicht in heißen Urlaubsländern: **Farbfilme** müssen **kühl gelagert** werden, bei hohen Lufttemperaturen verderben sie schnell.

■ Legen Sie den **Film** immer **im Schatten** ein, noch besser, in einem dunklen Raum. Wenn Sie auf Foto-Tour gehen, nehmen Sie nur so viele Filme mit, wie Sie brauchen werden, und lassen Sie den Rest im Hotel.

■ **Belichtete Filme** sollten möglichst sofort nach der Rückkehr entwickelt werden, da sich das Bild auf dem unentwickelten Film verändern kann.

Länderregister

In dem nachfolgenden alphabetischen Länderteil finden Sie Querverweise zu den vorher behandelten Themen sowie ausführliche Informationen über jedes einzelne Reiseland (Karibikinseln und USA sind in alphabetischer Reihenfolge unter dem Stichwort „Karibik" bzw. „USA" zu finden). Die jeweiligen Länderartikel sind dabei so aufgebaut, daß nach einer kurzen Einleitung die folgenden Punkte erläutert werden:

- **Beste Reisezeit:** Sie richtet sich nach den klimatischen Bedingungen im Reiseland.
- **Empfehlenswerte Gegenden:** Hier wird auf Sehenswürdigkeiten oder besonders schöne landschaftliche Regionen hingewiesen.
- **Spezialangebote:** Wenn Sie auf „besondere" Art reisen möchten, z. B. mit dem Boot auf dem Amazonas, mit dem Planwagen durch Irland oder mit dem Wohnmobil durch Kanada, liegen Sie hier richtig. Außerdem wird auf günstige Pauschalreisen und Angebote für Langzeit-Urlauber aufmerksam gemacht.
- **Schöner wohnen für wenig Geld:** Sie werden mit außergewöhnlichen Schlafmöglichkeiten bekannt gemacht, die im Reiseland günstig angeboten werden. Ausführliche Informationen dazu finden Sie im Kapitel „Traumunterkünfte für den kleinen Geldbeutel".
- **Richtpreise für Low-budget-Unterkünfte:** Hier finden Sie Preisbeispiele für Zimmer der unteren Preiskategorie. Das sind oft Privatquartiere, einfache Bungalows, Pensionen oder Ein-Stern-Hotels. Preise für Campingplätze oder Jugendherbergen werden hier nicht aufgelistet. Übernachtungsmöglichkeiten dieser Preisklasse können meistens nur vor Ort gebucht werden. In-

formationen, Adressen und Telefonnummern von Vermietern sind bei den örtlichen Touristen-Informationsstellen oder Zimmervermittlungs-Agenturen erhältlich. In Deutschland inserieren private Vermieter von Ferienwohnungen u. ä. oft in Tageszeitungen und Anzeigenblättern. Aktuelle Adressen von preiswerten Pensionen finden sich auch in Info-Broschüren der zuständigen Fremdenverkehrsämter in Deutschland sowie in ausführlichen Reiseführern über die betreffenden Länder. In jeder öffentlichen Bibliothek können Sie – meist veraltete Ausgaben – von Reiseführern kostenlos studieren, bevor Sie sich für ein aktuelles Exemplar entscheiden und es im Buchhandel erwerben.

Vorsicht, Schlepper! Oft stehen Schlepper an Flughäfen, Bahnhöfen und Häfen. Mit selbstgebastelten Prospekten preisen sie Hotels und Privatzimmer an. Vergleichen Sie die Preise und achten Sie auf die Lage der angepriesenen Unterkunft!

■ **Welterbe:** Interessieren Sie sich für Kultur? Hier finden Sie die wichtigsten Sehenswürdigkeiten, das heißt, all diejenigen Stätten Ihres Reiselandes, die von der Unesco in die Liste des Welterbes aufgenommen wurden. Diese Liste umfaßt rund 411 Kultur- und Naturdenkmäler auf der ganzen Welt, z. B. Memphis und die Pyramiden von Giseh in Ägypten, die Meteora-Klöster in Griechenland oder die Kultstätten der Maori im neuseeländischen Nationalpark Tongariro.
Mit der Aufnahme eines Denkmals in die Welterbeliste verpflichtet sich der betreffende Staat zu fortdauernden Schutz- und Erhaltungsmaßnahmen. Denkmäler werden nur dann in die Liste aufgenommen, wenn sie u. a. bestimmte Kriterien erfüllen: Sie müssen „einzigartig" sein, und es muß sowohl ein Gutachten über ihren „Erhaltungszustand" als auch ein über-

zeugender Erhaltungsplan vorliegen. Ein Verzeichnis sämtlicher Denkmäler finden Sie im Anhang (siehe Seite 131 ff.).

■ **Nationalparks:** Im Kapitel „Nationalparks – unberührte Landschaften in Europa und andernorts" finden Sie ausführliche Informationen zum Thema, des weiteren ein Verzeichnis der deutschen und österreichischen Nationalparks sowie die richtigen Adressen, um an Informationsmaterial über sämtliche Nationalparks der Welt heranzukommen.

i Informationen über: Hier finden Sie Namen und Telefonnummern der zuständigen Reiseveranstalter bzw. Fremdenverkehrsbüros.

Wichtig: Aktuelle Informationen über Krisengebiete
Pest in Indien, Bürgerkrieg in Sri Lanka, Vulkanausbruch auf den Philippinen – fast täglich erschüttern uns Katastrophenmeldungen aus den schönsten Urlaubsländern. Aber wo kann man denn noch hinfahren? Hier gibt das Auswärtige Amt (AA) in Bonn zuverlässige Auskunft. Unter der Telefonnummer 02 28/1 70 erfahren Sie von den Länderreferaten, welche Staaten und Regionen akut bedroht sind.

Übrigens: Wer viel weiß, hat mehr vom Urlaub! Gut auf die Reise vorbereiten können Sie sich beispielsweise mit den *Sympathie-Magazinen,* die der Studienkreis für Tourismus und Entwicklung e. V. herausgibt, bisher überwiegend zu außereuropäischen Ländern. Die kleinen Hefte im DIN-A5-Format stellen auf rund 50 Seiten die wirtschaftliche Situation des jeweiligen Landes vor, liefern Kontaktadressen und ausführliche Reiseinformationen, wobei auch einheimische Autoren zu Wort kommen.

Die Hefte kosten pro Stück 6 Mark (inkl. Mehrwertsteuer und Versandkosten); zu beziehen sind sie gegen Voreinsendung eines Verrechnungsschecks beim Studienkreis für Tourismus und Entwicklung e. V., Kapellenweg 3, 82541 Ammerland/ Starnberger See, Tel. 0 81 77/17 83, Fax: 0 81 77/1 34.

Ägypten

Ein Eldorado für historisch Interessierte – wenn man an Pyramiden, Sphinx und Königsgräber denkt. Aber ein „erschwingliches Paradies" ist das Land am Nil vor allem für Taucher, denn Pauschalreisen zu den Tauchgründen am Roten Meer werden sehr günstig angeboten. Auch für Kurzreisen im Winter eignet sich Ägypten wunderbar: Durch die kurze Flugzeit und den geringen Zeitunterschied entfällt das gefürchtete Jet-lag.

■ **Beste Reisezeit:** Von November bis April ist die angenehmste Jahreszeit mit Mittagstemperaturen um 25 Grad Celsius. Im Sommer sollten nur „Hitzebeständige" auf Tour gehen. Das Thermometer klettert dann leicht auf über 40 Grad.

■ **Empfehlenswerte Gegenden:** Hurghada und das Surf- und Tauchparadies Sharm el Sheikh an der Südspitze der Sinai-Halbinsel; natürlich die Pyramiden und die Königsgräber. Pauschalangebote z. B. bei THR, ITS, Kreutzer.

■ **Spezialangebote:** Nil-Kreuzfahrten, Oasen-Touren ab Kairo (in Kombination mit Charterflügen und Bade-Urlaub).

■ **Richtpreise für Low-budget-Unterkünfte:** Ägypten-Kenner raten zu Unterkünften erst ab einem Mindest-Standard von drei bis vier Sternen (Doppelzimmer ca. 50 Mark), alles darunter ist für Europäer nicht zu empfehlen.

■ **Welterbe:** Frühchristliche Ruinen von Abu Mena, Theben und die Totenstadt, Memphis und Totenstadt mit den Pyramiden von Giseh, Abusir, Sakkara und Dahschur, das islamische Kairo, die nubischen Denkmäler von Abu Simbel bis Philae.

i Informationen über: Ägyptisches Fremdenverkehrsamt, Tel. 0 69/25 21 53 (Adresse siehe Anhang); Hintergrund- und Kulturinformationen vermittelt das Sympathie-Magazin Ägypten.

Belize

Ein echter Geheimtip: Sonne, Palmen, Meer – Natur pur und Mayakultur. Idyllische Inseln, mehr als 600 Maya-Tempel und eines der größten Korallenriffe der Welt erwarten den Besucher in Belize. Schnorchler und Taucher werden sich an der Karibikküste wohl fühlen, Dschungel-Fans finden im Landesinneren ihr Glück. Wer aber Luxushotels, Pauschalkomfort oder erstklassig gepflegte Traumstrände sucht, ist in dem kleinen zentralamerikanischen Land (so groß wie Hessen) fehl am Platz. Auch das Klima könnte für manchen ein Problem sein: Hier herrscht ganzjährig feucht-tropische Hitze. Nach Belize gibt es keine Direktflüge, die Anreise per Flugzeug erfolgt über Miami, Houston oder Cancun und von dort mit Kleinflugzeugen bzw. Bussen nach Belize.

- **Beste Reisezeit:** Dezember bis April, danach beginnt die Regenzeit mit täglichen kurzen Güssen, im Spätsommer Hurrikan-Gefahr.
- **Spezialangebote:** Pauschalangebote z. B. bei Airtours, Äquator-Tours.
- **Richtpreise für Low-budget-Unterkünfte:** Das Hotelverzeichnis des Belize Tourist Board listet Unterkünfte in folgenden Preisklassen auf:

E = teuer (ab US-$ 50), M = mittlere Preislage (US-$ 26–50),
B = billig (unter US-$ 25).
Einfache Strandhütten kosten ca. 30 Mark pro Nacht.

i Informationen über: Belize Tourist Board, Tel. 07 11/23 39 47 (Adresse siehe Anhang).

Brasilien

Wer nach Brasilien reist, sollte viel Zeit mitbringen, nicht nur wegen der langen Anreise über den Äquator, sondern vor allem, weil dieses Land so viel zu bieten hat: So groß wie Australien, zeigt sich Brasilien voller phantastischer Kontraste: Traumstrände, unvergleichliche Städte wie Rio de Janeiro und Brasilia, unberührte Natur im Amazonas-Gebiet und im Pantanal.
Das 230.000 Quadratkilometer große **Pantanal** liegt im Bundesstaat Mato Grosso, im Einzugsbereich des Rio Paraguay. Wie das Amazonas-Gebiet gehört auch diese Sumpflandschaft zu den letzten noch unberührten Naturgebieten der Erde mit einer außerordentlich artenreichen Tierwelt und reicher Sumpfvegetation mit Blumen. Zum Besuch am besten geeignet sind die Monate Juni bis September, in denen der Wasserstand der Flüsse und Sümpfe niedriger ist.

■ **Beste Reisezeit:** Von Dezember bis Mai ist Baden an der gesamten Küste möglich, außerhalb dieser Zeit meist nur nördlich von São Paulo. Aber Achtung: Von Ende Dezember bis Anfang März und im Juli sind in Brasilien Ferien, das heißt, Flüge und Hotels für diese Zeit müssen früh gebucht werden. Im Karneval, an den Tagen vor Aschermittwoch, ist in Rio natürlich Hochsaison mit entsprechenden Hotelpreisen. Die Trockenzeit, der tropische Sommer, liegt in der Zeit zwischen April und Oktober.

■ **Empfehlenswerte Gegenden:** Rio de Janeiro, Brasilia, das Amazonas-Gebiet mit Manaus, Iguacu, Salvador de Bahia, Fortaleza, Pantanal.

■ **Spezialangebote:** Wer den Amazonas hinaufschippern will bis Manaus, wie einst Enrico Caruso und die Operndiva Melba, der kann solche Urlaubsabenteuer vor Ort buchen. Pauschalangebote z. B. bei TUI.

■ **Richtpreise für Low-budget-Unterkünfte:** Doppelzimmer ab ca. 30 US-$ pro Nacht; für Brasilien-Neulinge empfiehlt es sich, den Flug und mindestens eine Woche Aufenthalt von Deutschland aus pauschal zu buchen und weitere Übernachtungsmöglichkeiten vor Ort zu suchen.

■ **Welterbe:** Altstadt von Olinda, Brasilia, Salvador do Bahia (historisches Zentrum), Altstadt von Ouro Preto, Wallfahrtskirche Bom Jesus („Guter Jesus") von Congonhas, fünf Jesuitenmissionen der Guarani, Nationalparks Iguacu und Serra da Capivara.

■ **Nationalparks:** Nationalpark Iguacu, Nationalpark Serra da Capivara (mit Felszeichnungen), Nationalpark Sete Cidades (ca. 350 Kilometer westlich von Fortaleza).

i Informationen über: VARIG, die brasilianische Airline, Tel. 0 69/2 71 02-0; Lufthansa, Tel. 01 30/83 83 13; preiswerte Brasilien-Flüge und Pauschalangebote bei: nouveau monde Flugreisen, Tel. 02 11/12 10 48 (Adresse siehe Anhang).

Chile

Im Norden tropische Wälder, im Süden ewiges Eis – Chile hat verschiedene Klimazonen zu bieten. Kein Wunder, denn das oft nur 150 Kilometer breite Land ist 4.300 Kilometer lang. Die Küstenlandschaft des Andenstaates ist immer noch ein echter Geheimtip mit unberührten Inseln, Fjorden und malerischen Häfen, obwohl es seit dem Ende der Militärdiktatur unter Pinochet immer mehr Touristen in den Staat an der Pazifikküste zieht.

Rund 450 Kilometer vor der chilenischen Küste liegt die Insel Mas a Tierra, heute **Robinson Crusoe Island** genannt. Hier landete 1704 nach einem Schiffbruch der schottische Matrose Alexander Selkirk, dessen Schicksal den Schriftsteller Daniel Defoe zu seinem Roman „Robinson Crusoe" anregte. Heute wohnen auf dieser Insel 500 Menschen, die von Fischfang und Schafzucht leben.
Es gibt auf der Insel ein kleines Gästehaus mit sieben Zimmern, in dem man sich für 75 US-$ am Tag einquartieren kann. Infos und Buchung: Vladi Private Islands, Tel. 0 40/33 89 89. Mehr über Trauminseln im Abschnitt „Einsame Inseln zu vermieten").

■ **Beste Reisezeit:** Hängt davon ab, wohin man will. Chile erstreckt sich über 36 Breitengrade und umfaßt verschiedene Klimazonen. Ganz allgemein gilt: Dezember bis März sind die trockenen Sommermonate. Für Patagonien ist der Januar die beste Reisezeit. Für eine Reise nach Santiago und in die südlichen Landesteile ist der Südsommer (Oktober bis April) geeignet, während man dort im Winter (Juli bis Oktober) hervorragend Skifahren kann. Wintersport-Muffel sollten in dieser Zeit lieber in den Norden Chiles reisen. In Richtung Äquatornähe wird es dann wieder wärmer, in der Atacama-Wüste bis zu 50 Grad im Schatten ...
■ **Empfehlenswerte Gegenden:** Osterinseln, Atacama-Wüste, Kap Hoorn, Antarktis.
■ **Spezialangebote:** Robinson-Crusoe-Insel; Chile ist Anlaufpunkt von Südamerika-Rundreisen (TUI, Studiosus-Reisen) und Kreuzfahrten. Beide Reisearten sind ziemlich kostspielig.

■ **Schöner wohnen für wenig Geld:** In fast jeder chilenischen Stadt wird „Bed & Breakfast" angeboten (vgl. Kapitel „Bed & Breakfast").

■ **Richtpreise für Low-budget-Unterkünfte:** ab ca. 20 US-$ pro Person und Nacht (kostenlose Informationen im „Tourism Manual" des Chilenischen Fremdenverkehrsamtes).

■ **Nationalparks:** Chile hat 30 Nationalparks, z. B. Nationalpark Torres del Paine im Norden von Feuerland oder den Nationalpark der Pinguine mit der größten Pinguin-Population Chiles. Er liegt 35 Kilometer nordöstlich von Punta Arenas auf den Inseln Marta y Magdalena und kann nur auf dem Seeweg erreicht werden.
Ausführliche Informationen im Gratisprospekt „Tourism Manual" des Chilenischen Fremdenverkehrsamtes (in Englisch und Spanisch).

i Informationen über: Chilenisches Fremdenverkehrsamt Pro Chile, Tel. 0 40/33 58 35 (Adresse siehe Anhang).

Costa Rica

„Reiche Küste", diesen Namen gab Kolumbus dem mittelamerikanischen Land. Die „Schweiz Mittelamerikas" ist gerade einmal so groß wie Niedersachsen. Das kleine Land auf dem zentralamerikanischen Landrücken liegt zwischen zwei Meeren: Im Osten rauschen die Wellen der Karibischen See, im Westen donnert der Pazifik an die Küste. Die vielfältigen klimatischen Bedingungen bringen hier die unterschiedlichsten Landschaftsformen hervor, vom Vulkan (einer der aktivsten der Erde ist der majestätische *Volcan Arenal*) über Regen- und Nebelwälder bis hin zu Savannen. Flora und Fauna lassen nichts zu wünschen übrig: Mehr als 1.000 verschiedene Orchideenarten finden sich hier neben Faultieren, Weißkopfaffen und Meeresschildkröten. Das heißt: Für einen reinen Badeurlaub ist Costa Rica eigentlich viel zu schade. Wenigstens ein paar der Sehenswürdigkeiten sollte man entdeckt haben.

■ **Beste Reisezeit:** Costa Rica ist ein Ganzjahres-Ziel. Die Temperaturen sind fast immer gleich, von frühlingshaft warm bis tropisch heiß. Allerdings regnet es an der karibischen Seite bedeutend mehr als am Pazifik; touristische Hauptsaison ist der „Sommer", die Trockenzeit zwischen Dezember und April. Als „Winter" gilt die Regenzeit zwischen Mai und November, in der es normalerweise täglich regnet, aber nur in seltenen Fällen anhaltend.

■ **Empfehlenswerte Gegenden:** Vulkan Arenal, Naturschutzgebiet Cano Negro, Valle Escondido.

■ **Spezialangebote:** Pauschalangebote z. B. bei Transair, Jahn-Reisen, Tjaereborg, THR.

■ **Richtpreise für Low-budget-Unterkünfte:** Hotels ab ca. 25 US-$ pro Person und Nacht.

■ **Welterbe:** Naturschutzgebiet Talamanca und La Amistad.

■ **Nationalparks:** z. B. Nationalpark Manuel Antonio (schöne Strände), Nationalpark Tortuguero (Regenwald, Lagunen, größter Ei-Ablageplatz der grünen Meeresschildkröten in der Karibik).

i Informationen über: Botschaft der Republik Costa Rica, Tel. 02 28/25 29 40 (Adresse siehe Anhang).

Dänemark

Unser nördliches Nachbarland zwischen Nordsee und Ostsee entwickelt sich immer mehr zum Urlaubsparadies vor unserer

Haustür. Denn die Ferienhäuser an den Küsten von Dänemark sind komfortabel, meist am feinen Dünenstrand gelegen und nicht zuletzt ziemlich preiswert.
Besonders reizvoll ist die dänische Ostsee-Insel **Bornholm**. Hier leben Schriftsteller, Maler, Töpfer, Glasbläser und andere Künstler. Im Norden der Insel fällt eine schroffe Felsküste ins Meer, während an anderen Stellen der schneeweiße Sand in den Buchten so fein ist, daß man Sanduhren damit füllt. 250 Kilometer Radwanderwege führen kreuz und quer über die Insel, das angenehm warme Klima läßt sogar Maulbeerbäume wachsen.
Hier gibt es Ferienquartiere in allen Preisklassen. Informationen über: Sydbornholmer Turistbureau, Torvet 2, DK–3720 Aakirkeby, Tel. 00 45/56 97/45 20.

■ **Beste Reisezeit:** Mai bis Oktober. Hochsaison ist von Mitte Juni bis August, das Wetter ist jedoch unbeständig und häufig kühl.
■ **Empfehlenswerte Gegenden:** Insel Bornholm.
■ **Schöner wohnen für wenig Geld:** Ferienhäuser an den Küsten Dänemarks sind der Renner vor allem für Familien (vgl. Kapitel „Ferienhäuser in faszinierenden Landschaften"). Wem ein Haus zu groß ist, der hat die Qual der Wahl zwischen stilvollen Ferienwohnungen, urigen Bauernhöfen sowie Hotels und Pensionen. Ausführliche Informationen und Adressen sind in den Gratisbroschüren des Dänischen Fremdenverkehrsamtes enthalten.
■ **Richtpreise für Low-budget-Unterkünfte:** Unterkünfte ab ca. 15 Mark/Person/Nacht im Ferienhaus in der Nebensaison.

i Informationen über: Dänisches Fremdenverkehrsamt, Tel. 0 40/33 78 03 (Adresse siehe Anhang).

Deutschland

Warum in die Ferne schweifen ...? Auch in Deutschland gibt es hervorragende Urlaubsmöglichkeiten, vor allem, wenn das Wetter mitspielt wie im Jahrhundertsommer 1994. Nutzen Sie die Angebote der regionalen Fremdenverkehrsverbände. Denn wenn Sie sich wie ein Tourist auf den Urlaub im eigenen Land vorbereiten, dann finden Sie sicher das eine oder andere Reise-Schnäppchen. Gerade im Osten der Republik gibt es unberührte Regionen von märchenhafter Schönheit, wie z. B. den
Harz: An ruhigen, malerisch gelegenen Seen im Oberharz finden Angler und Sportfischer, was ihr Herz begehrt. 41 Orte im Harz und Vorharz bieten Angelsportmöglichkeiten gegen geringe Gebühren. Ausführliche Informationen und eine Übersicht sind erhältlich beim Harzer Verkehrsverband, 38640 Goslar, Tel. 0 53 21/3 40 40.
Die Havel entspringt im mecklenburgischen Ankershagen. Und genau dort beginnt auch der **Nationalpark Müritz.** Verträumt und unberührt schlängelt sich die Havel über Berlin-Spandau bis zum Havelland in Brandenburg, einem riesigen Obstanbaugebiet. Bei Havelberg mündet der 340 Kilometer lange Fluß in die Elbe.

■ **Empfehlenswerte Gegenden:** sämtliche Nationalparks, Usedom, Rügen/Hiddensee und vieles mehr.
■ **Spezialangebote:** Berge entdecken mit dem Deutschen Alpenverein (DAV); das Welterbe in Deutschland – 13 lohnende Ziele für den Sightseeing-Trip im eigenen Land (vgl. Anhang: „Prädikat: besonders wertvoll ...").
■ **Schöner wohnen für wenig Geld:** Ferien auf dem Bauern- oder Winzerhof, wohnen in Berghütten (Reisebüros oder Deutscher Alpenverein), auf Hausbooten (nur mit Sportboot-Führerschein) oder in Schloßhotels (DZ ab 90 Mark); vgl. Kapitel „Traumunterkünfte für den kleinen Geldbeutel".

■ **Richtpreise für Low-budget-Unterkünfte:** ab 20 Mark/ Person.

■ **Welterbe:** Hansestadt Lübeck: der Altstadtkern als Gesamtkunstwerk, Backstein-Gotik mit Holstentor; Aachener Dom (bis 1531 Krönungskirche für 30 deutsche Könige); Dom von Speyer; Wallfahrtskirche „Die Wies" im Pfaffenwinkel südlich von München; Würzburger Residenz; Schlösser Augustusburg und Falkenlust in Brühl, bedeutende Barockbauten; römische Baudenkmäler, Dom und Liebfrauenkirche von Trier; Dom und Michaeliskirche von Hildesheim mit rekonstruiertem historischem Marktplatz; Schlösser und Parks von Potsdam (Sanssouci) und Berlin (Glienicke und Pfaueninsel); ehemalige Benediktinerabtei Lorsch mit ehemaligem Kloster Altenmünster; Bergwerk Rammelsberg und Altstadt von Goslar mit rund 1.000 Fachwerkhäusern; Zisterzienserkloster Maulbronn; Altstadt von Bamberg.

■ **Nationalparks:** siehe Kapitel „Nationalparks – unberührte Landschaften in Europa und andernorts".

i Informationen über: Adressen der einzelnen Landesfremdenverkehrsverbände finden Sie im Anhang.

Finnland

Unberührte Natur, romantische Seen, einmalige Landschaft, endlose Weite – das alles und noch viel mehr ist Finnland. Noch bis vor wenigen Jahren war das Land der 200.000 Seen ein teures Reiseziel. Inzwischen hat sich das Kursverhältnis der Finnmark zu anderen Währungen stark verändert. Das finnische Preisniveau ist heute im Durchschnitt mit dem deutschen vergleichbar, in manchen Bereichen sogar um einiges niedriger.

■ **Beste Reisezeit:** für Süd- und Mittelfinnland Mitte Juni bis Ende September und für Lappland Anfang Juli bis Mitte September.

■ **Empfehlenswerte Gegenden:** Karelien, die östlichste Provinz an der Grenze zu Rußland (dort verbringt auch Bundesarbeitsminister Norbert Blüm seinen Sommerurlaub).

■ **Spezialangebote:** Finnische Ferienregionen und Feriendörfer stellt ein deutschsprachiger Katalog des finnischen Fremdenverkehrsamtes vor.

■ **Schöner wohnen für wenig Geld:** In „Mökkis" (Holzhäusern, meist mit eigener Sauna und Badesee) in Karelien wohnt man ab 30 Mark pro Nacht.

■ **Richtpreise für Low-budget-Unterkünfte:** „Bed & Breakfast" ab ca. 22 Mark; die Broschüre „Günstig übernachten" ist kostenlos beim Finnischen Fremdenverkehrsamt erhältlich.

■ **Welterbe:** Festung Suomenlinna, Stadt Rauma (Holzhäuser).

■ **Nationalparks:** Finnland verfügt über insgesamt 27 Nationalparks. Weitergehende Informationen und Adressen erhältlich bei: Forest and Park Service, P. O. Box 94, SF–01301 Vantaa; Tel. 00 35/80/85 78 43 86, Fax: 0 35/80/85 78 43 50.

i Informationen über: Finnische Zentrale für Tourismus, Tel. 0 69/96 88 670 (Adresse siehe Anhang).

Frankreich

Die vielen französischen Regionen mit ihren jeweils individuellen Charakteren lassen sich schwer unter einen Hut bringen, meint sogar das Französische Fremdenverkehrsamt und bringt deshalb jährlich ein umfangreiches Gratismagazin heraus. *Tours de France* heißt die informative Broschüre, die auf 145 Seiten 21 französische Regionen in Porträts vorstellt – von den Ardennen bis zur Mittelmeerregion Var. Mit kurzem Überblick über die gastronomischen Besonderheiten, die verschiedenen Sportmöglichkeiten und Veranstaltungstips. Und wer sich dann für ein Urlaubsgebiet entschieden hat, für den liegt noch einmal eine Extra-Broschüre nur für diese Region bereit.

Eine der schönsten Arten, die französische Provinz zu erleben, ist auf dem **Hausboot**. Dazu brauchen Sie kein Kapitänspatent, alles, was Sie wissen müssen, wird bei der Schiffsübergabe erklärt. Hausboot-Reisen gibt es auf allen größeren fließenden Gewässern, beispielsweise in Südfrankreich zwischen Toulouse und Avignon: Am Canal du Midi liegt eine der landschaftlich schönsten Strecken. Von Castelnaudary bis zum kleinen Hafen Port-Cassafières schippern Sie in sieben Tagen.

i Informationen über: Flußreisen in Frankreich können Sie bei allen großen deutschen Reiseveranstaltern buchen. Der Preis richtet sich nach der Größe und dem Typ des Bootes.

TIP Machen Sie es den Franzosen nach: Kaufen Sie unterwegs ein Baguette, etwas Käse und eine Flasche Wein, und picknicken Sie am Flußufer!

Tal der Loire: Nicht nur Schloß-Liebhaber kommen an der Loire zum Zug, auch Gourmets finden hier, was ihr Herz begehrt: von edlen Loire-Weinen über frische Flußfische bis hin zum heimischen Obst und Gemüse. Rund 40 „Châteaux“, also echte Schlösser, gibt es zu besichtigen, wenn man die feudalen Herrensitze und Güter nicht dazuzählt. Viele dieser alten Gemäuer sind zu Schloßhotels umgebaut worden – mindestens eine Übernachtung in einem Loire-Schloß sollte man sich unbedingt gönnen. Daneben findet man jede Menge kleinere, originelle

Herbergen mit preiswerteren Schlafstätten. Neben Kultur bietet die Loire auch noch reichlich Natur, denn der Fluß ist weitgehend unverbaut, mit sandigen Uferstrecken, Trauerweiden und Graureihern.

Im Süden Frankreichs, westlich von Marseille, liegt ein besonders archaisches Gebiet: die **Camargue.** Das Rhone-Delta bildet hier eine subtropische Landschaft, halb Wasser, halb Land. Berühmt ist die Gegend vor allem wegen der großen Prozession von Roma und Sinti alljährlich Ende Mai in dem romantischen Fischerstädtchen *Saintes-Maries-de-la-Mer* an der Mündung der kleinen Rhone. Sie findet zu Ehren der Schwarzen Sara statt, der Heiligen des fahrenden Volkes. Außerdem sind die Wildpferde und die schwarzen Stiere der Camargue ein Begriff. Der Kern des Rhone-Deltas ist ein Naturschutzgebiet. Dort heißt es „Betreten verboten". Das war nicht immer so. Bereits im 7. Jahrhundert vor Christus wurde der Fluß bis tief in das Landesinnere mit Schiffen befahren. Nach der Eroberung durch die Römer versorgte die Camargue die römischen Legionen mit Weizen. Erst im Mittelalter verfiel der Ackerbau. Mehr Informationen über diesen geschichtsträchtigen Boden bietet das Französische Fremdenverkehrsamt.

Französische Küche für den kleinen Geldbeutel

Rund 1.700 Adressen von Gasthöfen, Kneipen, Restaurants und Hotels, in denen man gut und preiswert essen und übernachten kann, stehen im *Guide des Relais Routiers* (30 Mark). Wer in diesen Reiseführer (in Fachkreisen auch als Spezialist für französische Fernfahrer-Kneipen bekannt) aufgenommen werden will, muß mindestens ein Menü für 55 bis 60 Franc (ca. 18 Mark)

Buchtip: „Die Schlösser der Loire" von Christoph Seeberger/ Hermann Schreiber (Südwest Verlag).

anbieten, was ständig kontrolliert wird. Dieses preiswerte Menü steht aber offiziell nur den Besitzern des aktuellen „Guide" zu – ähnlich wie das „Bergsteiger-Essen" in den Alpenvereinshütten. Alle Angaben im „Guide" sind zwar in Französisch, es gibt aber Erläuterungen in deutscher Sprache. Alleinvertrieb in Deutschland: Achelis & Partner, Friedenspromenade 87, 81827 München.

■ **Beste Reisezeit:** Wie überall in Europa reist auch in Frankreich ungestörter, wer die Hauptsaison Juli/August meidet. Im Hochsommer verbringen die Franzosen den Urlaub zumeist in ihren Ferienhäusern, die sie während der restlichen Zeit gerne vermieten.
In Frankreich gibt es für jede Jahreszeit geeignete Reiseziele: Im Frühling besucht man am besten das Elsaß, die Normandie, die Provence. Ab Ostern und im Herbst bis Mitte Oktober zeigt sich die Loire von ihrer schönsten Seite; Bordeaux und Burgund sind wegen der Weinlese im Herbst interessant, Korsika und die französische Riviera von Juni bis Oktober. Und im Winter sind die Pyrenäen oder die Alpen ideal für den Wintersport.

■ **Empfehlenswerte Gegenden:** Korsika, Camargue, Tal der Loire, Atlantikküste.

■ **Schöner wohnen für wenig Geld:** Ferienhäuser an der Atlantikküste, Schloßhotels, Urlaub auf dem Bauernhof (Gratis-Broschüre beim Fremdenverkehrsamt); vgl. hierzu das Kapitel „Traumunterkünfte für den kleinen Geldbeutel".

■ **Richtpreise für Low-budget-Unterkünfte:** Doppelzimmer ohne Frühstück in einfachen Hotels ab ca. 50 Mark.

■ **Welterbe:** Kap Girolata, Cap Porto und Naturschutzgebiet Scandola auf Korsika, Kathedrale von Amiens, Schloß und Park von Versailles, Mont St. Michel und seine Bucht, Kathedrale von Chartres, Schloß und Park von Fontainebleau, Place Stanislas,

Place de la Carrière und Place d´Alliance in Nancy, Schloß Chambord an der Loire, Abteikirche und Hügel von Vézelay, Zisterzienserabtei Fontenay, königliche Salinen von Arc-et-Senans, Straßburg, Grand Île (historisches Zentrum), Kirche von Saint-Savin-sur-Gartempe, Höhlenmalerei im Tal der Vézère, Amphitheater und Triumphbogen von Orange, römischer Aquädukt Pont du Gard, römische und romanische Denkmäler von Arles, historisches Seine-Ufer in Paris zwischen Pont de Sully und Pont d'Iéna, Reims: Kathedrale, Palais du Tau und Kloster Saint Remi, Kathedrale von Bourges.

■ **Nationalparks:** Nationalpark Cévennes, Nationalpark Ecrins, Nationalpark Mercantour, Nationalpark Port Cros, Nationalpark Pyrénées, Nationalpark Vanoise; Adressen und Telefonnummern erhältlich bei: Föderation der Natur- und Nationalparks Europas (FNNPE), Kröllstr. 5, 94481 Grafenau, Tel. 0 85 52/ 28 39, Fax: 0 85 52/32 42.

i Informationen über: Französisches Fremdenverkehrsamt, Tel. 0 69/7 56 08 30 (Adresse siehe Anhang).

Gambia

Dieses Land ist ein ideales Winterziel für Sonnenhungrige. Denn durch den geringen Zeitunterschied und den relativ kurzen Flug (sechs Stunden) gibt es keine Probleme mit dem gefürchteten Jet-lag. Das kleinste afrikanische Land liegt, eingeschlossen von Senegal, an der westafrikanischen Atlantikküste am Gambia-Fluß.

Die ehemalige britische Kolonie hat einiges zu bieten: Wem das Sonnenbaden nach einer Weile zu langweilig wird, der kann das Land auf eine interessante Art erkunden – per Boot auf dem Gambia-Fluß.

- **Beste Reisezeit:** November bis Mai. Während der Trockenperiode von Dezember bis März/April Temperaturen von ca. 30 Grad Celsius, die Luftfeuchtigkeit ist gering.
- **Empfehlenswerte Gegenden:** Die Strände an der Atlantikküste gehören zu den schönsten in Afrika. Die meisten Strandhotels liegen ca. 20 km westlich der Hauptstadt Banjul.
- **Spezialangebote:** Flußtouren auf dem Gambia vor Ort buchen. Pauschalangebote z. B. bei Kreutzer, NUR, TUI.
- **Richtpreise für Low-budget-Unterkünfte:** Zimmer in Hotels der gehobenen Kategorie werden ab 40 Mark angeboten, einfachere Unterkünfte (z. B. Rundhütten mit Dusche/WC) ab 17 Mark pro Person.
- **Nationalpark:** Baboon-Island-Nationalpark.

i Informationen über: The Gambia Embassy, 126 Avenue Franklin Roosevelt, B–1050 Brüssel; Konsulate in Berlin, Düsseldorf, Frankfurt/Main, München.

Griechenland

Die Ägais zählt zu den beliebtesten Sommer-Reisezielen der Europäer. Griechenland ist einfach ideal für Leute, die im Urlaub Sonne, kristallklares Meer und ein einfaches Leben suchen. Und wer kulturell interessiert ist, findet jede Menge Zeugnisse der Vergangenheit auf diesem geschichtsträchtigen Boden.

Trotz der großen Nachfrage finden sich immer wieder kleine Inseln fernab vom Massentourismus, wie z. B. die Mini-Insel Amoulani vor der Halbinsel Chalkidiki. Hier gibt es nur ein einziges Dorf mit einfachen Unterkünften, trotzdem kann man einen Aufenthalt dort pauschal buchen (Jahn-Reisen).

Auch südlich von Kreta liegt solch ein einsames Schmuckstück für die Ferien, nämlich die kleine Insel *Gavdos,* die nur mit dem Boot zu erreichen ist.

Pflichtprogramm für Insel-Hopper sind nach wie vor die **Kykladen,** und zwar in der Reihenfolge: Mykonos – Paros – Naxos – Santorin. Daß jede dieser Inseln einen längeren Aufenthalt wert ist, stellen seufzende Insel-Hopper meist bedauernd bei der Abreise zur nächsten Station fest.

Aber auch die **Sporaden**, der **Dodekanes** (griech. Dodekànissa = Zwölfinseln) mit Rhodos und Kos, die **Ionischen Inseln** mit Korfu und Ithaka sowie die weniger bekannten **Argosaronischen Inseln** können alle pauschal organisiert im Insel-Hüpf-Verfahren bereist werden.

Für Griechenland gibt es in jedem Reisebüro günstige Pauschalangebote und jede Menge Last-minute-Angebote. Die sind oft so preiswert, daß Sie keine Chance haben, die Reise auf eigene Faust billiger zu organisieren.

■ **Beste Reisezeit:** März bis Oktober.
■ **Empfehlenswerte Gegenden:** alle Inseln, Athen nur für den Kulturgenuß.
■ **Spezialangebote:** Pauschalreisen von fast allen Veranstaltern, günstige Last-minute-Angebote.
■ **Schöner wohnen für wenig Geld:** Ferienhäuser und Appartements bei Attika-Reisen und Takis (vgl. Kapitel „Ferienhäuser in faszinierenden Landschaften"); man kann auch fast immer günstige Zimmer vor Ort bei den Zimmervermittlungs-Agenturen buchen.
■ **Richtpreise für Low-budget-Unterkünfte:** 30 Mark/Person.

■ **Welterbe:** Ruinenstätte Delphi (Apollon-Heiligtum), antike Stadt Epidauros und byzantinische Denkmäler von Saloniki, Akropolis von Athen, Rhodos (mittelalterliche Stadt), Meteora-Klöster, Apollon-Tempel von Bassae, Ruinen von Olympia, Mystras, Insel Delos, Klöster Daphni, Hosios Lukas und Nea Moni (Insel Chios), Pythagoreion, Heraion von Samos.

■ **Nationalparks:** Griechenland besitzt insgesamt 10 Nationalparks; die Adressen und weitere Informationen sind erhältlich bei: Ministry of Agriculture, Section for the Forest Environment, National Parks and Forest Recreation, 3–5 Hippocratus Str. GR–10164 Athens, Tel. 00 30/1/3 63 76 59, Fax: 00 30/1/ 3 60 37 55.

i Informationen über: Griechische Zentrale für Fremdenverkehr, Tel. 0 69/72 69 08; Hintergrund/Kultur: Sympathie-Magazin Griechenland.

Großbritannien

Die Schotten sind geizig, heißt es, und die Engländer können nicht kochen. Nichts als Vorurteile! Gerade an der englischen Südküste findet der Gast neben einer bezaubernden Landschaft oft hervorragende Restaurants. Und Schottland steht an Platz drei der europäischen Traumziele, vor allem wegen seiner wilden Landschaft und der großzügigen Gastfreundschaft seiner Bewohner.

Wer seinen Urlaub auf der britischen Insel verbringen möchte, sollte auch Wales als Ziel ins Auge fassen – das Land, in dem Charles schon der Boß ist. Wales lockt mit besonders preiswerten Übernachtungsangeboten und viel grüner, ursprünglicher Natur.

■ **Beste Reisezeit:** im Hochsommer zwischen Juni und September; London kann man natürlich das ganze Jahr über besuchen, das kulturelle Angebot ist im Winter größer als im Sommer.

■ **Empfehlenswerte Gegenden:** Schottland (Schlösser besichtigen auf *Scotland's Castle Trail* (Broschüre beim Britischen Fremdenverkehrsamt), Wales, englische Südküste.

■ **Schöner wohnen für wenig Geld:** Bed & Breakfast, Urlaub auf dem Bauernhof, besonders günstig: Wales (Broschüre bei der Britischen Zentrale für Fremdenverkehr), Schloßhotels, Feriendomizile entlang der Südküste von Kent bis Cornwall bietet die Agentur „Ferienhäuser am Atlantik"; vgl. hierzu Kapitel „Traumunterkünfte für den kleinen Geldbeutel".

■ **Richtpreise für Low-budget-Unterkünfte:** Doppelzimmer ca. 30 Mark pro Person/Nacht.

■ **Welterbe:** Inselgruppe St. Kilda, die „Straße der Riesen" (The Giant's Causeway) und ihre Küste, Hadrianswall, Burg und Kathedrale von Durham, Königlicher Park von Studley mit den Ruinen von Fontains Abbey, Burgen und befestigte Städte König Edwards I. in der Grafschaft Gwynedd (Wales), Industriedenkmäler im Tal von Ironbridge, Schloß Blenheim, Stadt Bath, Westminster (Palast und Abtei) und Margaretenkirche in London, Tower von London, Kathedrale, ehemalige Abtei St. Augustin und St.-Martinskirche in Vanterbury, Stonehenge, Avebury und zugehörige Bereiche der Megalith-Kultur, Südseeinsel Henderson Island (Pitcairn Islands).

■ **Nationalparks:** Großbritannien besitzt 11 Nationalparks; Adressen und Telefonnummern sind erhältlich bei: Föderation der Natur- und Nationalparks Europas (FNNPE), Kröllstr. 5, 94481 Grafenau, Tel. 0 85 52/28 39, Fax: 0 85 52/32 42.

i Informationen über: Britische Zentrale für Fremdenverkehr, Tel. 0 69/23 80-7 11 (Adresse siehe Anhang).

Indien

Der geheimnisvolle Subkontinent Indien ist ein außergewöhnlich vielfältiges Land. Traumstrände im Süden und auf der Insel Goa, einsame Gipfel im Himalaya und Hindukultur am Ganges sind nur ein paar Highlights der indischen Sehenswürdigkeiten. Für eine Reise in das ehemalige Hippie-Mekka sollte man viel Zeit mitbringen.

■ **Beste Reisezeit:** Für Europäer ist die günstigste Reisezeit von Oktober bis Mai. April, Mai und Juni empfehlen sich für einen Besuch der Gebirgsregionen von Kaschmir oder Ladakh. Der klimatisch sehr unterschiedlich geprägte Subkontinent kann das ganze Jahr über besucht werden.

■ **Empfehlenswerte Gegenden:** Goa (legendäre Hippie- und Bade-Insel), Kovalam (Traumstrände in Südindien), Mysore (Stadt), Wüste Thar (Wüstentouren ab Jaisalmer); kostenlose Informationen zu jeder Region sowie die regelmäßig erscheinende Broschüre „Discover India" sind beim Indischen Fremdenverkehrsamt erhältlich.

■ **Spezialangebote:** Essen und Trinken ist wie fast überall in Asien gut und sehr billig; Zugfahrten mit Indrail-Paß (Informationen beim Indischen Fremdenverkehrsamt); Pauschalangebote z. B. bei Jahn-Reisen, TUI.

■ **Schöner wohnen für wenig Geld:** Bei Maharadschas oder reichen indischen Händlern wohnen Sie, wenn Sie ein Haus der „Heritage Hotels" buchen (vgl. Kapitel „Fürstliche Schlafstätten zu bürgerlichen Preisen"); zusätzliche Informationen im Spezialprospekt des indischen Fremdenverkehrsamtes. Auf dem Dal-See in Kaschmir können Sie ein Hausboot mieten (vor Ort buchen, ca. 20 Mark pro Nacht).

■ **Richtpreise für Low-budget-Unterkünfte:** einfache Pensionen (Rest Houses) ab 5 Mark, Strandhütten ab ca. 15 Mark.

■ **Welterbe:** Rote Burg von Agra, Tadsch Mahal, Moghulstadt Fatehpur Sikri, Tempelbezirk von Khaljuraho, Höhlentempel Ellora, Felsentempel von Ajanta, Höhlen von Elephanta, Kirchen und Klöster von Goa, Tempelanlage von Pattadakal, Tempelbezirk von Hampi, Tempel von Brihadisvara in Thanjavur, Tempelbezirk von Mahabalipuram, Sonnentempel von Konarak, Wildschutzbegiet Manas, Buddhistisches Heiligtum bei Sanchi, Nationalparks Keoladeo, Sundarabas, Kaziranga und Nada Devi.
■ **Nationalparks:** Neben den oben erwähnten gibt es noch den Hazaribagh Nationalpark.

i Informationen über: Indisches Fremdenverkehrsamt, Tel. 0 69/23 54 23 (Adresse siehe Anhang); Hintergrund/Kultur: Sympathie-Magazin Indien.

Indonesien

Zwischen dem asiatischen Kontinent und Australien liegt das Inselreich Indonesien: fast 18.000 Inseln, von denen aber nur knappe 6.000 bewohnt sind. Ihre Namen klingen wie in Buchstaben gegossenes Fernweh: Bali, Sumatra, Java, Yogyakarta, Sulawesi, Lombok ... Fast alle dieser exotischen Trauminseln kann man mittlerweile pauschal buchen, von der einfachsten Kategorie bis zur Luxusklasse. Neben dem bekannten Traumziel Bali hat der fünftgrößte Staat der Welt noch einige Geheimtips zu bieten, z. B. die *Molukken* oder die *Toba-See* in der Provinz Nord-Sumatra oder die Tropeninsel *Lombok*.
Bali: Die Insel der Götter bezaubert mit faszinierender Kultur und traumhaft weißen Stränden. Korallenriffe für Taucher, Tempel für Kulturfreunde, geheimnsivoller Dschungel für Abenteurer – Bali bietet für jeden etwas. Geographisch gehört Bali zu den kleinen Sundainseln Indonesiens, hat rund drei Millionen

Einwohner und ist doppelt so groß wie das Saarland. Die Wassertemperatur beträgt das ganze Jahr über rund 26 Grad, im Januar und Februar ist Regenzeit. Von dem lauten und stinkenden Verkehrschaos in Balis Hauptstadt Denpasar sollte man sich nicht abschrecken lassen: Nur wenige Minuten entfernt zeigt sich das wahre Paradies Südostasiens: weiße Sandstrände, Reisterrassen, Palmen und kristallklares Meer. Kein Wunder, daß auf Bali eines der weltbesten Ferienhotels zu finden ist: das Luxus-Hotel *Amandari,* das in der Umfrage der Zeitschrift „Holiday" zum weltbesten Resorthotel 1994 gekürt wurde. Die Anlage im Stil eines balinesischen Dorfes ist mit Suiten ab 350 US-$ pro Nacht nicht gerade billig, aber im Vergleich zu anderen Luxus-Ferienhotels seiner Klasse durchaus nicht das teuerste. Und der perfekte Service beginnt schon beim Buchen: Amanresorts können in Deutschland unter der Gratis-Telefonnummer 01 30/40 20 reserviert werden.

■ **Beste Reisezeit:** Juni bis Oktober, von Dezember bis März oft stundenweise Regen, ganzjährig schwül.

■ **Empfehlenswerte Gegenden:** Bali, Lombok (Trauminsel), Sumatra, Molukken, Yogyakarta (die Stadt gilt als Wiege der javanesischen Kultur), Pangandaran auf Java (Traumstrände).

■ **Spezialangebote:** Essen und Trinken ist wie fast überall in Asien gut und sehr billig; seit Winter 94/95 fliegt die LTU ab Düsseldorf und München direkt nach Denpasar/Bali und Medan/Sumatra; Pauschalangebote z. B. bei Transair, Jahn-Reisen, TUI, Tjaereborg, THR, ITS.

■ **Richtpreise für Low-budget-Unterkünfte:** private Gasthäuser (*Losmen* genannt) ab 10 Mark pro Person und Nacht.

Buchtip: „Bali" von Reinhard Eisele/Mathias Fiedler, aus der Reihe „sehen & erleben" (Südwest Verlag)

■ **Welterbe:** Buddhistische Tempelanlangen von Borobudur, Hindutempel von Prambanan, Komodo-Inseln (Nationalpark), Nationalpark Ujung Kulon (Java).

i Informationen über: Das Indonesische Fremdenverkehrsamt (Tel. 0 69/23 36 77, Adresse siehe Anhang) hält eine ausführliche Gratis-Broschüre bereit mit vielen Hinweisen und Hotelanschriften; Hintergrund/Kultur: Sympathie-Magazin Indonesien.

Irland

Das europäsche Traumziel Nr. 1! Die grüne Insel besticht durch Vielseitigkeit. Abgesehen von Palmenstrand und ewiger Sonne finden Individualisten hier wirklich alles, was Körper, Seele und Geist stärkt: Schlösser, Bergseen und mystische Landschaften für Romantiker; Golfplätze, Radwege und Angelgründe für Frischluft-Fans; Lachs, Guiness und Irish Whiskey für Genießer sowie Poetisches und Musikalisches ohne Ende für Künstlernaturen.

■ **Beste Reisezeit:** Nach Irland können Sie das ganze Jahr über fahren. Der Golfstrom macht´s möglich. Auch bei bewölktem Himmel bleibt es angenehm warm. Wann Sie am besten die grüne Insel besuchen, hängt von der Art des geplanten Urlaubs ab. Zum Wandern ist die trockene, sonnige Zeit von April bis Juni am besten geeignet, für Angler sind die Monate Februar bis September günstig. Von Januar bis Ende Mai sind die Preise am günstigsten.

■ **Spezialangebote:** Ausgefallene Irland-Trips im Pauschalarrangement, vom Kanufahren über Flußschiff-Reisen bis hin zur Planwagenfahrt quer durch die grüne Insel organisiert der

Koblenzer Irland-Spezialveranstalter Odin Travel; Pauschalangebote bei vielen großen Veranstaltern, z. B. bei Kreutzer; umfangreiches Info-Material für alle möglichen Irland-Reisen (für Angler, Golfer, Jäger, Familien, junge Leute, Wanderer, Camper usw.) hat das Irische Fremdenverkehrsamt auf Lager. Besonders interessant: die Broschüre „Literarisches Irland" – Auf den Spuren irischer Dichter von Samuel Beckett über James Joyce bis Oscar Wilde.

■ **Schöner wohnen für wenig Geld:** Herrenhäuser, Schloßhotels, Hausboote, Urlaub auf dem Bauernhof (Broschüre gegen Gebühr beim Irischen Fremdenverkehrsamt); vgl. Kapitel „Traumunterkünfte für den kleinen Geldbeutel".

■ **Richtpreise für Low-budget-Unterkünfte:** ca. 30 Mark pro Person/Nacht.

■ **Nationalparks:** Nationalpark Burren, Nationalpark Connemara, Nationalpark Glenveagh, Nationalpark Killarney, Nationalpark Wicklow Mountains; Informationen und Adressen bei National Parks and Monument Branch Office of Public Works, 51, St. Stephen's Green, IRL–Dublin 2, Tel. 0 03 53/1/61 31 11, Fax: 0 03 53/1/61 07 47.

i Informationen über: Odin Travel, Tel. 02 61/6 58 98, Fax: 02 61/6 60 93; Irisches Fremdenverkehrsamt, Tel. 0 69/ 23 33 41 (Adressen siehe Anhang).

Italien

Seit mehreren Jahrhunderten ist Italien das klassische Reiseland Europas. Waren es zunächst Bildungsreisende, die nur am Rande Ferien in exklusiven Mittelmeerbädern genossen, so lockten spätestens ab Mitte der 1950er Jahre nicht nur die klassischen Städte, sondern auch die sonnenverwöhnten Regionen der

Adria und der Riviera Tausende von Urlaubern an. Tourismus ist die wichtigste Devisenquelle Italiens.

■ **Beste Reisezeit:** Italien hat immer Saison – von Pfingsten bis Ende September stehen die Liegestühle an den Adriaständen. Der Herbst ist ideal zum Wandern und *Törggelen* (Weinprobe) in Südtirol. Im Winter locken die *Dolomiten* zum Skifahren, und Frühjahr und Herbst sind die besten Zeiten für eine Bildungsreise nach Rom oder Florenz. Einzig im August, dem italienischen Ferienmonat, wird es in Italien ziemlich voll.

■ **Empfehlenswerte Gegenden:** Viele kleine Inselgruppen rund um den „Stiefel" sind eine Reise wert, beispielsweise die *Pelagischen Inseln* und *Pantelleria* ca. 200 Kilometer südlich von Sizilien, die *Tremiti-Inseln* nördlich vom Stiefel-Sporn, die *Liparischen Inseln* (auch Äolische Inseln genannt) nördlich von Sizilien oder die *Pontinischen Inseln* vor Neapel (mehr darüber erfahren Sie im Kapitel „Wo das Mittelmeer noch einsam ist"). Malerische Landschaften, unberührte Täler und romantische Burgen bietet das Hinterland der Adria – eine reizvolle Alternative zum Teutonengrill am Strand.

■ **Spezialangebote:** Eine Fundgrube für Entdeckungsreisende ist die Broschüre *La Italia mia* des italienischen Fremdenverkehrsbüros ENIT; Pauschalangebote für die Liparischen Inseln z. B. bei Jahn-Reisen.

■ **Schöner wohnen für wenig Geld:** Urlaub auf dem Bauernhof in Südtirol können Sie über den Südtiroler Bauernbund buchen (Adresse im Kapitel „Urlaub auf dem Bauern- oder Winzerhof"); ansonsten erteilt die im Buchhandel erhältliche Info-Broschüre „Agriturist" Auskunft.

■ **Richtpreise für Low-budget-Unterkünfte:** Pensionen ab 20 Mark, Hotels ab 30 Mark pro Person und Nacht.

■ **Welterbe:** Felszeichnungen in Val Camonica (Lombardei), Venedig und seine Lagune, Kirche und Dominikanerkonvent

Santa Maria delle Grazie mit Leonardo da Vincis „Abendmahl" in Mailand, historisches Zentrum von Florenz, Domplatz von Pisa, historisches Zentrum von Rom, Basilika St. Paul vor den Mauern (mit Vatikanstadt), historisches Zentrum von San Gimignano.

■ **Nationalparks:** Italien verfügt über insgesamt 17 Nationalparks; Informationen und Adressen entnehmen Sie bitte dem Kapitel „Nationalparks".

i Informationen über: Italienisches Fremdenverkehrsbüro ENIT, Tel. 0 69/23 74 30, Fax: 0 69/23 28 94; Hintergrund/Kultur: Sympathie-Magazin Sizilien.

Kanada

Kanada bietet sich an für Urlauber, die unberührte Natur erfahren wollen und vor extremen Bedingungen nicht zurückschrecken. Weite Teile des Landes sind nur per Flugzeug erreichbar. Die meisten der 34 National- und unzähligen Provinzparks sind jedoch leicht zugänglich und verfügen über eine gute Infrastruktur. Die schönste Art, Kanadas Natur hautnah zu erleben, sind Touren mit dem Wohnmobil.

Zwei Beispiele:

Vier Zeitzonen, vier Nationalparks, halb so groß wie die USA, aber nur 55.000 Einwohner: das sind die **North-West-Territories** von Kanada. Hier gibt es viele Flecken, wo sich Elch und Karibu-Hirsch „Gute Nacht" sagen, einer schöner und unberührter als der andere. So können Sie beispielsweise mit dem Paddelboot den Sklavenfluß hinunter zum Sklavensee fahren, einer der weltgrößten Seen. Einziger Schatten im Paradies: Bedingt durch die geographische Lage (im Norden Kanadas bis nach Grönland) ist das Klima eher rauh und kühl.

Natur pur von einer in Europa unvorstellbaren Größe: Das suchen und finden immer mehr Deutsche (1993: 344.000 Besucher) in Kanada. Allein die Provinz **British Columbia** an der Pazifikküste ist dreimal so groß wie Deutschland, hat aber nur 4 Mio. Einwohner. In die Hauptstadt Victoria gelangt man von Vancouver aus in nur 25 Minuten mit dem Wasserflugzeug. Das ist billiger und schneller als die Drei-Stunden-Fähre.

■ **Beste Reisezeit:** Am angenehmsten ist das Reisen in den Monaten Mai bis Oktober. Reizvoll ist es im Herbst, während des „Indian Summer", eine Reise in die ausgedehnten Laubwaldgebiete im Osten zu unternehmen. Im Winter ist Kanada ein ideales Gebiet für Wintersportler. Langlauf können Sie praktisch überall betreiben, die schönsten Abfahrten liegen in den Rocky Mountains.

■ **Empfehlenswerte Gegenden:** British Columbia, North-West-Territories, Nova Scotia, Vancouver Island.

■ **Spezialangebote:** mit dem Wohnmobil durch Kanada: der Kanada-Spezialist Stumböck bietet einen 20 Tage langen Wohnmobil-Trip inklusive Flug Frankfurt/Calgary und erste Nacht im Luxushotel ab ca. 2.000 Mark pro Person an. Informationen über: Stumböck Reisen, Tel. 0 80 31/2 76 70 (Adresse siehe Anhang); umfangreiches Infomaterial über alle Provinzen gibt es kostenlos beim Kanadischen Fremdenverkehrsamt.

■ **Richtpreise für Low-budget-Unterkünfte:** Laut Auskunft des kanadischen Fremdenverkehrsamtes sind Pauschalreisen nach Kanada immer noch am günstigsten. Preiswerte Unterkünfte findet man nicht immer vor Ort, und wenn, dann ab ca. 50 Mark pro Nacht.

■ **Welterbe:** Kanadische Rocky Mountains Parks, Abgrund der zu Tode gestürzten Bisons („Head-Smashed-in Bison Jump"), Anthony-Insel, Historischer Nationalpark (Wikingersiedlung) „l´Anse aux Meadows", Nationalpark Gros Morne, Dinosaurier-

Provinzpark, historischer Teil von Quebec, Nationalparks Kluana und Wrangell-Saint-Elias (mit amerikanischem Teil), Nationalpark Nahanni, Nationalpark Wood Buffalo.

■ **Nationalparks:** Neben den bereits erwähnten gibt es noch eine Vielzahl weiterer Nationalparks; weitergehende Informationen entnehmen Sie bitte dem Verzeichnis „United Nations List of National Parks and Protected Areas“ (siehe Kapitel „Nationalparks“).

i Informationen über: Air Canada, Tel. 01 30/22 05; Kanadisches Fremdenverkehrsamt, Tel. 02 11/1 72 17-21, (Adressen siehe Anhang).

Karibik – allgemein

Wenn der Dollarkurs fällt, wird der Karibik-Urlaub zum Schnäppchen. Die Inselkette zwischen Nordatlantik und dem Karibischen Meer hat für jeden etwas zu bieten: Traumstrände, Tauch- und Surfreviere der Spitzenklasse, Luxushotels und Bambushütten. Nachfolgend werden Karibik-Inseln vorgestellt, die über ihre Fremdenverkehrsämter preiswerte Unterkünfte anbieten. Es gibt aber auch sehr günstige Pauschalreisen auf die einzelnen Inseln. Übrigens: Aus der Karibik stammt die Idee des *All-inclusive-Urlaubs,* bei dem mit dem Pauschalpreis sämtliche Urlaubskosten bezahlt sind, vom Flug über Hotel mit Verpflegung und Drinks (auch alkoholischen) bis hin zum Sport-Angebot.

TIP Die karibischen Airlines bieten sehr günstige Airpässe an, mit denen Sie für wenig Geld von Insel zu Insel „hüpfen“ können.

■ **Beste Reisezeit:** Hochsaison ist in der Karibik von Anfang Dezember bis Mitte April. Von Mai bis November sinken die Preise, oft 30 bis 50 Prozent. Das hat seinen Grund, denn Mai/Juni ist Regenzeit mit Temperaturen um 30 Grad, wobei es aber meist nur stundenweise regnet. Und von September bis November haben die Hurrikans Hochsaison. Wen kurze Regengüsse nicht stören, der sollte die Karibik von Mai bis August besuchen. Da ist es preiswert und längst nicht so überlaufen wie im Winter.

■ **Spezialangebote:** Island-Hopping mit karibischen Airlines, *All-inclusive-Pauschalangebote,* im Sommer oft sehr günstige Last-minute-Angebote.

■ **Schöner wohnen für wenig Geld:** Luxusvillen, Half-Price-Card, Privat-Inseln (vgl. Kapitel „Traumunterkünfte für den kleinen Geldbeutel").

■ **Richtpreise für Low-budget-Unterkünfte:** von Insel zu Insel unterschiedlich.

i Informationen über: Die einzelnen Fremdenverkehrsämter informieren Sie kostenlos (Adressen siehe Anhang); Hintergrund/Kultur: Sympathie-Magazine Karibik, Kuba, Dominikanische Republik und Jamaika.

Karibik: ABC-Inseln (Aruba, Bonaire, Curaçao)

Die ABC-Inseln gehören zu den niederländischen Antillen und faszinieren durch ihre perfekte Infrastruktur. Eine einmalige Mischung in der Karibik: Häuser mit typisch niederländischen Fassaden, davor Palmen und karibische Temperaturen; holländischer Käse in der Beach-Bar. Toll für Urlauber, die exotische Strände lieben, dabei aber auf europäische Lebensart nicht verzichten möchten. Allem voran sind die Inseln wahre Taucher-Paradiese. Unterwasser-Fans können sich hier austoben, ob beim Haie-Füttern vor Curaçao oder beim Korallen-Bewundern im Bonaire Marine Park.

Aruba: Auf der kleinsten der ABC-Inseln regnet es seltener als sonstwo in der Karibik. Dafür fegt der Ost-Nord-Ost-Passat das ganze Jahr über die Insel, was hauptsächlich Segler und Windsurfer zu schätzen wissen. Für letztere gibt es eine eigene Kolonie im Nordosten der Insel mit Surf-Hotels, Surfer-Appartements und Einstellplätzen für die Bretter.

Bonaire: Die schönste Landschaft der zweitgrößten ABC-Insel liegt unter Wasser: der *Bonaire Marine Park* mit seinen Korallenwäldern und fast zahmen, buntschillernden Fisch-Schwärmen. Auch über Wasser konzentriert sich auf Bonaire fast alles auf den Tauchsport: Mehr als 80 Tauchplätze liegen um Bonaire und weitere 16 um das unbewohnte Inselchen Klein-Bonaire. Dazu jede Menge Tauchbasen, Tauchschulen, Taucher-Hotels. Für Leute, die den Unterwasser-Sport erlernen wollen oder ihm bereits verfallen sind, ein ideales Revier. Wer Traumstrände sucht, ist auf anderen Karibik-Inseln besser aufgehoben.

Curaçao: Ein echtes Taucherparadies ist auch die größte der ABC-Inseln. Kenner beschwören, daß einige Riffe hier noch großartiger sind als vor Bonaire. Als besondere Attraktion bietet Curaçao ein *Meeres-Aquarium,* in dem man durch ein dünnes Maschendraht-Gitter Haie füttern kann (Informationen beim Fremdenverkehrsamt).

■ **Beste Reisezeit:** siehe Karibik allgemein.
■ **Empfehlenswerte Gegenden:** Bonaire Marine Park, Curaçao Underwater Park im Nordwesten der Insel, für Starkwind-Surfer der Nordosten Arubas.

■ **Spezialangebote:** Pauschalangebote z. B. bei TUI, Tjaereborg, Transair, Jahn-Reisen, THR, Hetzel.

■ **Richtpreise für Low-budget-Unterkünfte:** Doppelzimmer ab ca. 30 US-$ pro Nacht. Adressen von preiswerten Übernachtungsmöglichkeiten stehen neben tausend anderen nützlichen Tips im „Reisehandbuch Curaçao", das es gratis beim Fremdenverkehrsamt Curaçao gibt.

i Informationen über: Aruba Tourism Authority, Tel. 00 31/ 70/3 56 62 20, Bonaire Tourism Corporation, Tel. 00 31/ 70/3 95 44 44, Fremdenverkehrsamt Curaçao, Tel. 0 89/ 59 84 90 (Adressen siehe Anhang) Hintergrund/Kultur: Sympathie-Magazin Karibik.

Karibik: Barbados

Surfer, Taucher und Naturliebhaber kommen auf Barbados auf ihre Kosten, wobei die Wellenreiter an der Ost- und Südküste glücklich werden, die Taucher im Unterwasser-Park an der Westküste. Und Naturfreunde können sich zu Wasser und zu Land freuen: denn auf der östlichsten Karibik-Insel – sie gehört zu den Kleinen Antillen – wird eine erfreulich konsequente Umweltpolitik betrieben. Kein Hotel darf höher gebaut werden als eine Kokospalme; Kläranlagen werden kommunal kontrolliert, Einwegflaschen per Gesetz verboten.

■ **Beste Reisezeit:** siehe Karibik allgemein.

■ **Empfehlenswerte Gegenden:** die schönsten Strände liegen an der Ostküste.

■ **Spezialangebote:** Pauschalangebote z. B. bei Transair, Jahn-Reisen, TUI, Tjaereborg, THR, ITS, Kreutzer.

■ **Schöner wohnen für wenig Geld:** siehe Karibik allgemein.

■ **Richtpreise für Low-budget-Unterkünfte:** ab 15 US-$ pro Person/Nacht; Liste mit Adressen und Telefonnummern von preiswerten Guest-Houses, Appartements und Bed & Breakfast-Anbietern beim Fremdenverkehrsamt.

i Informationen über: Barbados Tourism Authority, Tel. 0 69/23 23 66 (Adresse siehe Anhang), Hintergrund/Kultur: Sympathie-Magazin Karibik.

Karibik: British Virgin Islands

Rund 100 Kilometer östlich von Puerto Rico liegen die British Virgin Islands (offizielle Abkürzung BVI), etwa 50 Inseln in der nördlichen Karibik, von denen nur 15 bewohnt sind.
Obwohl die BVI vor allem für exklusive Luxushotels bekannt sind, gibt es hier auch zahlreiche kleinere, einfache Hotels und Ferienhäuser zu günstigen Preisen, viele davon direkt am Strand.
Tortola, die Hauptinsel der BVI, ist bei Seglern besonders beliebt. Von *Road Town* aus starten Segeltörns auf alle Inseln.

TIP für Wasserratten: Günstige Segeltörns in der BVI-Region bieten zwei deutsche Segler, Peter und Olaf. Ein-Wochen-Törns auf einer Segel- oder Motorjacht kosten 350 US-$ pro Person, für Gruppen und Langzeiturlauber wird's billiger. Informationen beim Fremdenverkehrsamt BVI oder direkt bei
Peter Rennemann/Olaf Krieger, Shoreside Services Box 3069, Road Town – Tortola, BVI, Fax: 0 01-8 09-4 94 47 44.

Unterkünfte auf den British Virgin Islands können seit Juli 1994 auch über das BVI Tourist Board in Wiesbaden reserviert werden. Dieser Service ist für die Gäste kostenlos und funktioniert so: Die Reservierungsmanagerin informiert über die verschiedenen Hotels, Villen oder über die kleinen und preisgünstigeren Gästehäuser (ab 50 US-$ pro Doppelzimmer und Nacht). Interessiert sich der Kunde für eine der Unterbringungsmöglichkeiten, werden Verfügbarkeit und Preise angefragt. Eine Reservierung wird über eine Kreditkarten-Information oder durch einen Scheck bestätigt.

■ **Beste Reisezeit:** siehe Karibik allgemein.

■ **Spezialangebote:** Privat-Inseln (vgl. Kapitel „Traumunterkünfte für den kleinen Geldbeutel"), Pauschalangebote z. B. bei Airtours, DER, Gala-Reisen.

■ **Empfehlenswerte Gegenden:** preiswerte Unterkünfte vor allem auf Tortola.

■ **Richtpreise für Low-budget-Unterkünfte:** ab 20 US-$ pro Person und Nacht.

■ **Nationalpark:** Sage Mountain Nationalpark (Regenwald) auf Tortola.

i Informationen über: The British Virgin Islands Tourist Board, Tel. 0 69/72 63 42 (Adresse siehe Anhang); Hintergrund/Kultur: Sympathie-Magazin Karibik.

Karibik: Dominikanische Republik

Zusammen mit Haiti bildet die Dominikanische Republik die Antillen-Insel *Hispanola.* Die „DomRep", wie sie von Reisefachleuten genannt wird, ist seit Jahren ein Renner, sie entwickelt sich langsam zum „Mallorca der Karibik". Kein Wunder, denn neben feinen Sandstränden, tropischer Vegetation und ausgesprochen gastfreundlichen Bewohnern hat der östliche Teil der Insel eine perfekte Urlaubs-Infrastruktur zu bieten – und das alles zu durchaus günstigen Preisen. Besonders beliebt sind die All-inclusive-Angebote, bei denen im Pauschalpreis neben Vollpension und Sportangebot alle Drinks enthalten sind.

■ **Beste Reisezeit:** siehe Karibik allgemein.

■ **Empfehlenswerte Gegenden:** schöne Strände im Osten bei *Punta Cana.* Auf der Insel *Cayo Levantado* wurde der bekannte „Bacardi"-Werbespot gedreht. Wer's ruhiger mag, wird auf der Halbinsel *Samana* glücklich. Auf alle Fälle sehenswert: der Nationalpark *Los Haitises* an der Nordostküste.

■ **Spezialangebote:** Pauschalangebote z. B. bei Transair, Jahn-Reisen, TUI, Tjaereborg, THR, ITS, Kreutzer; preiswerte Arrangements für Langzeit-Urlauber (z. B. Transair).

■ **Richtpreise für Low-budget-Unterkünfte:** Hotels: Doppelzimmer ab ca. 50 US-$, einfache Pensionen: Doppelzimmer ab ca. 20 US-$.

■ **Welterbe:** kolonialzeitliche Architektur von Santo Domingo.

■ **Nationalparks:** Nationalpark Los Haitises an der Nordostküste, Parque Nacional des Este (ca. 280 Orchideen-Arten).

i Informationen über: Dominikanisches Fremdenverkehrsamt, Tel. 0 69/5 97 03 30; Hintergrund/Kultur: Sympathie-Magazin Dominikanische Republik.

Karibik: Grenada

Mehr als zehn Jahre nach der amerikanischen Invasion auf Grenada hofft die kleine karibische Insel auf das friedliche Nachrücken zahlungskräftiger Touristen. Dabei setzt Grenada mit den Schwesterninseln *Carriacou* und *Petit Martinique* auf

Öko-Tourismus, auf Qualität statt Masse. Im Mai 1994 wurde mit Unterstützung der Europäischen Union der Levera Nationalpark in St. Patrick eröffnet.
Unter Kennern gilt Grenada als eine der schönsten und am wenigsten entwickelten Karibik-Inseln. Böse Zungen behaupten, hier sei alles etwas verschlafen und touristisch unterentwickelt, was wohl daran liegt, daß die Bewohner Grenadas vom Gewürzhandel ziemlich gut leben können – allein die Muskatnußernte der Insel deckt fast ein Drittel des Weltbedarfs. Oder vielleicht liegt es daran, daß die Grenadiner auf ihren Inseln keinen Massentourismus aufkommen lassen wollen. Wer weiß?

- **Beste Reisezeit:** siehe Karibik allgemein.
- **Empfehlenswerte Gegenden:** Grand Anse Beach.
- **Spezialangebote:** Pauschalangebote z. B. bei TUI, ITS.
- **Richtpreise für Low-budget-Unterkünfte:** Doppelzimmer ab ca. 30 US-$; eine kostenlose Broschüre mit Adressen ist beim Fremdenverkehrsamt erhältlich.
- **Nationalparks:** Levara Nationalpark, Grand Étang Nationalpark.

i Informationen über: Grenada Board of Tourism, Tel. 0 69/ 72 69 08 (Adresse siehe Anhang); Hintergrund/Kultur: Sympathie-Magazin Karibik.

Karibik: Guadaloupe

Die südlichste der kleinen Leeward-Inseln liegt nördlich von Dominica und ist französisches Übersee-Departement – wie der gesamte Guadaloupe-Archipel, zu dem auch die noch kleineren Inseln *La Désirade, Marie-Galante, Petite Terre, Les Saintes, Saint-Barthélmy* und *Saint-Martin* gehören. Französische Alltagskultur gepaart mit karibischem Laissez-faire prägen den Tagesablauf auf den Inseln: Es geht gemächlich zu, Hektik oder brodelndes Nachtleben muß man auf anderen Karibik-Inseln suchen.

- **Beste Reisezeit:** siehe Karibik allgemein.
- **Empfehlenswerte Gegenden:** Les Saintes, das Saint Tropez von Guadaloupe.
- **Spezialangebote:** siehe Karibik allgemein.
- **Richtpreise für Low-budget-Unterkünfte:** Hotelzimmer ca. 40 Mark pro Person/Nacht, Ferienwohnungen ab 50 Mark/Nacht für zwei Personen (Informationen und Adressen beim Fremdenverkehrsamt).
- **Nationalparks:** Parc National de la Guadaloupe.

i Informationen über: Fremdenverkehrsamt Guadaloupe, Tel. 0 69/28 33 15 (Adresse siehe Anhang); Hintergrund/Kultur: Sympathie-Magazin Karibik.

Karibik: Jamaika

Auf der Reggae-Insel kann man alles buchen: vom Individualurlaub in verschiedenen Ferienhäusern mit Mietwagen bis hin zum All-inclusive-Urlaub (sämtliche Nebenkosten sind in der Pauschale enthalten, vom Surfbrett bis zum Drink an der Bar) mit Kinderpauschale für zwei Sprößlinge auf einmal.
Im Hochsommer gehört Jamaika den Erben Bob Marleys: Das Reggae Sunsplash Festival mit über 15.000 Besuchern aus aller Welt findet Ende Juli/Anfang August in Montego Bay statt. Größter Exportschlager der Insel neben Reggae-Musik: Rum und Bananen.

■ **Beste Reisezeit:** siehe Karibik allgemein.
■ **Empfehlenswerte Gegenden:** Wer sich abseits der Touristenzentren Ochos Rios, Montego Bay und Negril halten will, sollte an die Ost- und Südküste fahren. Dort findet man noch ein Stück „echtes" Jamaika.
■ **Spezialangebote:** Pauschalangebote z. B. bei Jahn-Reisen, TUI, Tjaereborg, THR, ITS, Kreutzer. Eine gute Möglichkeit, Land und Leute wirklich kennenzulernen, bietet das Jamaica Tourist Board: Seine Filialen in allen größeren Orten der Insel vermitteln Kontakte zu Einheimischen.
■ **Schöner wohnen für wenig Geld:** siehe Karibik allgemein.
■ **Richtpreise für Low-budget-Unterkünfte:** ab 20 US-$ pro Person und Nacht.

i Informationen über: Jamaica Tourist Board, Tel. 0 69/ 7 07 40 65 (Adresse siehe Anhang); Hintergrund/Kultur: Sympathie-Magazin Karibik und Jamaika.

Karibik: Kuba

Immer mehr Touristen zieht es auf die größte Karibik-Insel. Vor allem als Taucherparadies hat sich Kuba einen Namen gemacht, aber auch Segler, Surfer und Strandläufer finden ideale Bedingungen: 280 Strände, über 1.000 Eilande vor der Nord- und Südküste sowie zahlreiche unerforschte Tauchgründe warten auf Wassersport-Freaks.

■ **Beste Reisezeit:** siehe Karibik allgemein.
■ **Empfehlenswerte Gegenden:** Die schönsten Strände liegen an der Nordseite, besonders hübsch: *Cayo Coco* und *Guardalavaca.* Varadero, das Sylt Kubas, war in den 20er Jah-

ren die Sommerfrische der Reichen und Schönen. Der Osten Kubas ist touristisch noch wenig erschlossen.

■ **Spezialangebote:** Pauschalangebote z. B. bei Transair, Jahn-Reisen, TUI, Tjaereborg, THR, ITS, Kreutzer.

■ **Richtpreise für Low-budget-Unterkünfte:** Hotel-Doppelzimmer sind ab 50 US-$ zu haben. Da Kuba aber auf Individualtourismus schlecht vorbereitet ist, reist man bequemer als Pauschal-Tourist mit vorab gebuchtem Hotel.

■ **Welterbe:** Altstadt und Festungsanlagen von Havanna, Stadt Trinidad und Zuckerfabriken im Valle de los Ingenios.

i Informationen über: Kubanisches Fremdenverkehrsbüro Cubatour, Tel. 0 69/28 83 22-23 (Adresse siehe Anhang); Hintergrund/Kultur: Sympathie-Magazin Karibik.

Karibik: Puerto Rico

„All die Inseln sind schön, aber diese letzte scheint die anderen in ihrer Schönheit noch zu übertreffen“, schrieb Christoph Kolumbus bereits 1493 in sein Bordbuch. Noch heute gehört Puerto Rico zum Pflichtprogramm jeder Karibik-Kreuzfahrt. Entsprechend luxuriös und teuer ist die touristische Infrastruktur der Insel. Aber auf Puerto Rico hat man auch ein Herz für Reisende mit schmälerem Geldbeutel. So stehen an den landschaftlich reizvollsten Stellen *Paradores,* das sind subventionierte Landgasthäuser mit Doppelzimmern ab 40 US-$ pro Nacht. Und in der kostenlosen Broschüre des Fremdenverkehrsamtes finden sich eine ganze Reihe Doppelzimmer in der Preisklasse unter 50 US-$/pro Nacht.

■ **Beste Reisezeit:** siehe Karibik allgemein.

■ **Spezialangebote:** Condor Direktflug Frankfurt–San Juan.

■ **Schöner wohnen für wenig Geld:** Paradores auf Puerto Rico (vgl. Kapitel „Fürstliche Schlafstätten zu bürgerlichen Preisen"); individuelle Rundreisen stellt das Anglo-American Reisebüro (Tel. 0 54 04/25 70) zusammen. Informationen über das Fremdenverkehrsamt Puerto Rico.

■ **Richtpreise für Low-budget-Unterkünfte:** Doppelzimmer ab ca. 40 US-$ (Adressen und Preise in der kostenlosen Info-Broschüre *„Que Pasa"*, erscheint vierteljährlich beim Fremdenverkehrsamt).

■ **Welterbe:** Festung La Fortaleza und Altstadt von San Juan.

■ **Nationalpark:** El Yunque (Regenwald-Park).

i Informationen über: Fremdenverkehrsbüro Puerto Rico, Tel. 06 11/7 44 28 80/81 (Adresse siehe Anhang); Hintergrund/Kultur: Sympathie-Magazin Karibik.

Karibik: St. Kitts & Nevis

Kolumbus benannte die Insel nach seinem Namenspatron „St. Christopher", daraus entstand die Kurzform St. Kitts. Gemeinsam mit der Nachbarinsel Nevis gehört St. Kitts zum Britischen Commonwealth. Die anglikanische Kirche St. Georges, die Festung Brimstone Hill und mehrere zu Hotels umgebaute Zuckerrohrplantagen-Villen aus dem 18. Jahrhundert erinnern an den Reichtum der Kolonialherren. Noch heute leben die Bewohner der Inseln hauptsächlich von der Landwirtschaft, die Tourismus-Industrie wird erst langsam aufgebaut, entsprechend beschaulich spielt sich das Inselleben ab.

■ **Beste Reisezeit:** siehe Karibik allgemein.

■ **Empfehlenswerte Gegenden:** Frigate Bay auf St. Kitts (Traumbucht), Pinneys Beach auf Nevis (schöner Palmenstrand).

■ **Spezialangebote:** siehe Karibik allgemein, Pauschalangebote z. B. bei Meier's Weltreisen, Airtours, TUI.

■ **Schöner wohnen für wenig Geld:** Sehr schöne Holzbungalows ab 75 US-$ vermietet Hurricane Cove Bungalows auf Nevis, Tel. und Fax 0 01-8 09-4 69 94 62; Appartements ab 60 US-$ im Gateway Inn, St. Kitts, Tel. 0 01-8 09-4 65 71 55 (Prospekte beim Fremdenverkehrsamt).

■ **Richtpreise für Low-budget-Unterkünfte:** Doppelzimmer ab ca. 40 US-$

i Informationen über: St. Kitts & Nevis Department of Tourism, Tel. 0 61 73/6 67 47 (Adresse siehe Anhang); Hintergrund/Kultur: Sympathie-Magazin Karibik.

Karibik: St. Lucia

Kenner sind sich einig: St. Lucia ist eine der schönsten Karibik-Inseln. Sie wurde abwechselnd von Engländern und Franzosen besetzt und gehört seit 1979 zum Britischen Commonwealth. Hier wurde Napoleons Josephine geboren, hier gibt es heiße Schwefelquellen und jede Menge Luxushotels. Aber auch Unterkünfte für kleine Geldbeutel werden angeboten: Unter dem Namen „St. Lucia/Simply Beautiful" haben sich mehrere kleine Hotels, Pensionen und Selbstversorger-Appartements zusammengeschlossen. Sie bieten zu durchweg günstigen Preisen (Doppelzimmer ab 30 US-$) Schlafstätten mit persönlicher, freundlicher Atmosphäre an. Zu allen Häusern gehören Restaurants, einige liegen direkt am Strand oder nur wenige Minuten davon entfernt, andere haben einen eigenen Swimmingpool. Weitere Informationen sind beim St. Lucia Tourist Board erhältlich.

■ **Beste Reisezeit:** siehe Karibik allgemein.

■ **Empfehlenswerte Gegenden:** Marigot Bay, eine der schönsten Buchten der Karibik.

■ **Spezialangebote:** siehe Karibik allgemein; Pauschalangebote z. B. bei TUI, ITS, Kreutzer.

■ **Richtpreise für Low-budget-Unterkünfte:** Doppelzimmer ab 30 US-$.

i Informationen über: St. Lucia Tourist Board, Tel. 0 61 72/30 44 31 (Adresse siehe Anhang); Hintergrund/Kultur: Sympathie-Magazin Karibik.

Karibik: St. Vincent & The Grenadines

Ein Paradies für Segler: Die Grenadinen zählen zu den feinsten Segelrevieren der Erde. Die kleinen Palmeninseln liegen im Inseldreieck zwischen den Karibik-Beauties St. Lucia, Barbados und Grenada. Etwa 34 Inselchen, von denen nur acht bewohnt sind, reihen sich auf einer Strecke von 75 Kilometern aneinander. Auf *Mustique,* der bekanntesten Grenadine-Insel, urlauben Genießer wie Mick Jagger und Prinzessin Margaret.

■ **Beste Reisezeit:** siehe Karibik allgemein.

■ **Spezialangebote:** siehe Karibik allgemein; Pauschalangebote z. B. bei „Karibik pur" (1 Woche Segeltörn ab ca. 1.000 Mark). „Karibik pur" hat immer wieder kurzfristig konkurrenzlos günstige Sonderangebote für die Grenadinen auf Lager: Der Reiseveranstalter ist identisch mit dem Fremdenverkehrsamt der Inseln und kennt sich entsprechend gut aus.

■ **Schöner wohnen für wenig Geld:** Auf Mustique gibt es in der Nebensaison Doppelzimmer ab 80 Mark im *Firefly House,* Tel. 0 01/8 09/45/6 34 14 (Adresse: Mrs. Billy Mitchell, P. O. Box 349, Mustique, St. Vincent & The Grenadines).

■ **Richtpreise für Low-budget-Unterkünfte:** DZ ab 23 US-$ (z. B. Sea Breeze Guest House, Arnos Vale, St. Vincent, Tel. 0 01/8 09/4 58/49 69).

i Informationen über: Fremdenverkehrsamt St. Vincent & The Grenadines, Tel. 0 70 31/80 62 60 (Adresse siehe Anhang); Hintergrund/Kultur: Sympathie-Magazin Karibik.

Malaysia

Wie viele Fernreise-Ziele wird auch Malaysia von den Reiseveranstaltern im Sommer besonders preiswert angeboten. Das aufstrebende Touristenland hat einiges zu bieten: vom Strand- und Badeurlaub für Pauschal- und Individualtouristen bis hin zu Dschungelexpeditionen in den ältesten Regenwald der Welt.

Malaysia-Langkawi: Dort, wo der „Rüssel" Thailands endet und das Sultanat Kedah beginnt, liegt Langkawi. Die legendenumwobene Hauptinsel der 99 malayischen Inseln im Bengalischen Meer lockt mit üppiger Tropenvegetation, riesigen Kalksteinklippen und nicht zuletzt mit ursprünglichem Leben in versteckten Dörfern.

Sabah auf der Insel Borneo: Nahezu unberührte Küsten und Dschungel findet man im östlichen Bundesland Malaysias, einst berüchtigtes Piraten- und Kopfjägergebiet.

■ **Beste Reisezeit:** Frühjahr bis Sommer.

■ **Empfehlenswerte Gegenden:** Sabah (auf Borneo), Langkawi, Insel Tioman (gilt als „Bali Malaysias").

■ **Spezialangebote:** Essen und Trinken ist wie fast überall in Asien gut und sehr billig; Pauschalangebote z. B. bei Transair, TUI, Jahn-Reisen, Tjaereborg, THR.

■ **Schöner wohnen für wenig Geld:** Ein sehr interessantes Stop-over-Programm hat Malaysia Airlines auf Lager, z. B. supergünstige Aufenthalte in Luxushotels in Penang; Hotels der gehobenen Preisklasse sind billiger, wenn sie von Deutschland aus gebucht werden.
■ **Richtpreise für Low-budget-Unterkünfte:** Bambushütten ab 10 Mark, Doppelzimmer in chinesischen Hotels ab 20 Mark.
■ **Nationalparks:** Nationalpark Taman Negara (ältester Primärurwald der Welt, denn die malayische Halbinsel blieb von der Eiszeit verschont), Niah-Nationalpark.

i Informationen über: Malaysia Airlines, Tel. 01 30/82 32 32; Malaysia Tourist Promotion Board, Tel. 0 69/28 38 28 (Adressen siehe Anhang); Hintergrund/Kultur: Sympathie-Magazin Malaysia.

Malta

Immer mehr junge Leute zieht es in den letzten Jahren auf die Mittelmeer-Insel vor Afrika mit dem ganzjährig milden Klima. Wo früher britische Rentner urlaubten, locken jetzt jede Menge Sportangebote, Discos und niedrige Preise. Ganz nebenbei gibt es noch jede Menge Kultur: Steinzeit-Tempel, Phönizierbauten usw. Römer, Sizilianer, Franzosen, Spanier und Araber – sie alle haben ihre Spuren auf Malta hinterlassen.

■ **Beste Reisezeit:** Mai bis Oktober. Wenn es bei uns im Herbst und im Frühjahr noch zehn Grad kälter ist, liegt auf Malta die Durchschnitts-Temperatur schon bei 25 Grad. Badeurlauber bevorzugen den Herbst, weil das Meerwasser dann angenehm warm ist. Im Frühjahr kommen Pflanzenliebhaber auf ihre Kosten, denn im März steht Malta in voller Blüte.

■ **Empfehlenswerte Gegenden:** die Nachbarinseln Gozo und Comino (mehr darüber erfahren Sie im Kapitel „Wo das Mittelmeer noch Einsamkeit bietet").

■ **Spezialangebote:** Einfache Farmhäuser auf Gozo hat Jahn-Reisen im Programm, Comino pauschal gibt´s bei Kreutzer.

■ **Schöner wohnen für wenig Geld:** Von der Jugendherberge bis zum Fünf-Sterne-Hotel: der neue Hotelführer des Fremdenverkehrsamtes Malta listet über 270 Übernachtungsmöglichkeiten auf Malta, Gozo und Comino auf, samt Anschrift, Telefonnummern, Bettenzahl, Strandnähe und Sonstiges.

■ **Richtpreise für Low-budget-Unterkünfte:** ab ca. 20 Mark pro Person und Tag in einfachen Guest-Houses.

■ **Welterbe:** Stadt Valetta, Hypogäum (unterirdischer Kultraum) von Hal Saflieni, Tempel von Gigantija.

i Informationen über: Fremdenverkehrsamt Malta, Tel. 0 69/28 58 90 (Adresse siehe Anhang).

Mauritius

Mauritius, eine Insel halb so groß wie Mallorca, liegt ca. 800 Kilometer östlich von Madagaskar mitten im Indischen Ozean und ist weltweit berühmt wegen einer Briefmarke mit einem Druckfehler. Dabei hat Mauritius wirklich mehr zu bieten: Die Insel ist ein Paradies für Taucher und Schnorchler. Sie ist vulkanischen Ursprungs und fast vollständig von einem Korallenriff umgeben, das die feinsandigen Strände vor der Brandung schützt.

■ **Beste Reisezeit:** Mai bis Oktober.

■ **Spezialangebote:** Pauschalangebote z. B. bei TUI, Reise-Quelle, Kreutzer.

■ **Richtpreise für Low-budget-Unterkünfte:** Im Holiday Inn in *Coromandel* (wahrscheinlich nicht verwandt mit der berühmten Hotelkette) übernachten Sie für 10 Mark pro Person im Zimmer mit Dusche/WC; Bungalows für zwei Personen gibt's ab ca. 30 Mark/Nacht (Adressen: „Budget Hotels, Bungalows and Boarding Houses"-Broschüre, gratis beim Mauritius Informationsbüro).

i Informationen über: Mauritius Informationsbüro, Tel. 0 61 71/98 03 54 (Adresse siehe Anhang); ideal, um sich auf Reisen in das **südliche und östliche Afrika** einzustimmen, ist der Katalog „Best of Africa" – eine Zusammenstellung von Afrika-Traumreisen mit Unterstützung der afrikanischen Fremdenverkehrsämter, Airlines, Hotels und Reisebüros, die sich auf Afrikareisen spezialisiert haben. Zu bestellen bei: Best of Africa-Marketing System, Tel. 0 51 54/8 32 87, Fax: 0 51 54/8 33 88.

Mexiko

Für Pauschalreisen in die bekannten Badeorte an der Karibik-Küste der Halbinsel *Yucatan* (Cancun, Playa del Carmen oder Akumal) gibt es äußerst preiswerte Last-minute-Angebote (z. B. Kreutzer). Wer Mexikos Maya-Kultur und/oder Belize kennenlernen möchte, hat von dort aus einen idealen Ausgangspunkt. Naturfreunde, Wal-Liebhaber und Sportfischer finden ihr mexikanisches Eldorado in **Baja California**. Die Halbinsel zeigt wie ein Finger aus dem amerikanischen Kontinent nach Süden, sie trennt den Pazifik vom „Meer des Cortes" und endet am „finterrae", dem „Ende der Welt". In diesem unberührten Teil Mexikos wohnen Robben und Seelöwen, paaren sich die Wale. Wegen des großen Fischreichtums hat sich die Baja California auch zu einem Eldorado für Sportfischer entwickelt.

■ **Beste Reisezeit:** Die angenehmsten Reisemonate sind Oktober bis Februar (Trockenzeit von Oktober bis Mai). Im Hochland können dann allerdings Nachtfröste auftreten. Von Januar bis März ist Hochsaison für Tierfotografen: dann treffen sich die Wale zur Paarung an der Baja California; Während der Regenzeit von Juni bis September kommt es nachmittags zu heftigen, aber kurzen Gewitterregen. April, Mai und Juni sind die heißesten Monate.

■ **Empfehlenswerte Gegenden:** Baja California, Kolonialstädte Mexikos (Touren-Programm beim Fremdenverkehrsamt erfragen).

■ **Spezialangebote:** Individuelle, preiswerte Mexiko-Reisen können Sie in Deutschland nach dem Baukastenprinzip buchen: Sie wählen Unterkunft und Mietwagen dem Urlaubsbudget entsprechend, vom Drei- bis Fünf-Sterne-Hotel, vom VW-Sedan bis zum Jeep (Stephan-Touristik Latin American Experts, Zeppelinallee 33, 60325 Frankfurt/M., Tel. 0 69/70 60 11, Fax: 0 69/ 70 71 870); Pauschalangebote z. B. bei Transair, Jahn-Reisen, ITS, Kreutzer, TUI.

■ **Richtpreise für Low-budget-Unterkünfte:** Doppelzimmer ab 30 US-$ (Hotel- und Restaurantführer gratis beim Mexikanischen Fremdenverkehrsamt).

■ **Welterbe:** Mexico (historisches Zentrum) und Xochimilco, Ruinen von Teotihiacán, historisches Zentrum vom Puebla, Altstadt von Oaxaca und Ruinen von Monte Alban, Ruinen und Nationalpark von Palenque, Biosphärenreservat Sian Ka´an, Ruinen von Chichen-Itza, historisches Zentrum und Bergwerksanlagen von Guanajuanto, Altstadt von Morelia, präkolumbianische Stadt El Tajin, Altstadt von Zacatecas, Felszeichnungen in der Sierra de San Francisco, Lagune von El Viszcaino (Schutzgebiet für Wale).

■ **Nationalparks:** Mexiko verfügt über 58 staatliche Parks und Biosphären-Naturschutzgebiete. Highlights aus diesem umfangreichen Angebot stellt die Gratis-Broschüre „Ökotourismus & Abenteuer" des Fremdenverkehrsamtes vor.

i Informationen über: Staatliches Mexikanisches Fremdenverkehrsamt, Tel. 0 69/25 34 13 (Adresse siehe Anhang); Hintergrund/Kultur: Sympathie-Magazin Mexiko.

Neuseeland

Ein Paradies für Wanderer und Naturburschen. Allein zwölf Nationalparks, davon acht auf der Südinsel, warten auf den Besucher, daneben 19 Forest Parks, drei Maritime Parks an den Küstenregionen, Wildwasser, Vulkane und Maori-Kultur. Das Land auf den zwei Inseln zwischen Tasman-See und Pazifik ist zu vielfältig, als daß man es in wenigen Wochen entdecken könnte. Neuseeland-Reisende sollten auf alle Fälle viel Zeit mitbringen. Rucksack-Traveller finden hier eine perfekte Infrastruktur mit preiswerten Unterkünften. Und wer sein Gepäck nicht dauernd auf dem Rücken tragen will, kann sich ein Wohnmobil mieten.

Ausführliche Basis-Informationen für die Neuseeland-Reise gibt es im 100 Seiten starken Neuseeland-Reiseführer des Fremdenverkehrsamtes. Zusätzlich hält das Fremdenverkehrsamt mehrere Broschüren über preiswerte Übernachtungsmöglichkeiten bereit: „Bed & Breakfast", „Backpackers" – für Rucksackreisende, „Camp, Cabin & Caravan Association Directory" – für Wohnmobil-Traveller und „Where to stay" – eine Aufstellung sämtlicher Übernachtungsmöglichkeiten in Städten und Ferien-Resorts. Und wer seinen Kiwi-Urlaub in Deutschland buchen will, kann sich in der Broschüre *Veranstalter auf einen Blick* über das Neuseeland-Angebot der deutschen Reiseveranstalter informieren.

TIP Wohnmobil-Reisen sind billiger, wenn man sie in Deutschland bucht.

Individuelle Reisen für Campmobilfreunde oder Rundreisen mit dem Mietwagen und fest gebuchten Hotelübernachtungen stellt der Studien-Reiseveranstalter Karawane zusammen.
Viele neuseeländische Farmen und Privathaushalte nehmen gerne Gäste auf. Solche Unterkünfte nennen sich *Farm- oder Homestay* und kosten ab 35 Mark pro Person für eine Übernachtung mit Frühstück und Abendessen. Sie werden von darauf spezialisierten Unternehmen im ganzen Land angeboten.

■ **Beste Reisezeit:** in den warmen Monaten von Oktober bis April. Allerdings sind in Neuseeland Sommerferien, wenn bei uns Weihnachten gefeiert wird: von Mitte Dezember bis Mitte Januar. Dafür können Sie von Juli bis September Skifahren.
■ **Empfehlenswerte Gegenden:** alle zwölf Nationalparks, die Maritime Parks Hauraki Golf (50 Inseln), Bay of Islands (250 Kilometer nordöstlich von Auckland), Marlborough Sounds, 19 Forest Parks mit Wanderwegen.
■ **Spezialangebote:** Pauschalangebote z. B. bei TUI, Karawane.
■ **Schöner wohnen für wenig Geld:** Bed & Breakfast, *Farm- und Homestay.*
■ **Richtpreise für Low-budget-Unterkünfte:** Doppelzimmer ab ca. 35 Mark, Cabines (Zimmer auf Campingplätzen) ab 16 Mark.
■ **Welterbe:** Nationalpark Tongariro mit Kultstätten der Maori im Bergland von Tongariro; Naturschutzgebiet Te Wahipounamu mit den Nationalparks Westland, Mt. Cook und Fjordland.

i Informationen über: Fremdenverkehrsamt von Neuseeland, Tel. 0 69/97 12 11 (Adresse siehe Anhang).

Österreich

Unser südlicher Nachbar ist zwar eines der beliebtesten Ferienländer der Deutschen, aber nicht unbedingt als Billigland bekannt. Trotzdem gibt es auch in der Alpenrepublik die eine oder andere Möglichkeit, die Urlaubskosten einigermaßen in Grenzen zu halten.

Die Österreich-Information hat zu jeder Saison aktuelle Sparangebote auf Lager, einfach anrufen und anfordern!

TIP In jedem Urlaubsort Österreichs werden saubere, preiswerte Privatzimmer vermietet. Informationen und Adressen sind bei den örtlichen Fremdenverkehrsbüros erhältlich.

Zwei besonders reizvolle Gegenden im Salzburger Land

Lungau: Der Lungau ist ein echter Geheimtip für die Freunde idyllischer Alpenregionen: Im Süden des Salzburger Landes, eingebettet in einen Kessel, liegt abseits der touristischen Trampelpfade der Lungau. Weil sich dorthin selten ein Auto verirrt, haben die Fremdenverkehrs-Fachleute aus der Not eine Tugend gemacht und bieten die wenig befahrenen Straßen als ideale Radwanderwege an. Jedes Jahr im Juli veranstalten sie den *Samson Radmarathon:* auf 245 Kilometern sind sieben Pässe und 3.500 Höhenmeter zu überwinden. Immerhin radelten 1994 knappe 3.000 Teilnehmer mit. Wer lieber zu Fuß geht, kann insgesamt 58 kristallklare Gebirgsseen erwandern.

i Informationen über: Fremdenverkehrsverband, Raikaplatz 242, A–5582 St. Michael/Lungau (Tel. 00 43/ 64 77-34 20).

Wer hohe Berge liebt, kommt im **Rauris-Tal** voll auf seine Kosten. Runde 30 Kilometer südöstlich der Skiregion Zell am See/Saalbach gelegen, ist das Tal eine Sackgasse in den **Naturpark Hohe Tauern**.

Am Ende des Tales versperrt der gewaltige Sonnblick den Weg; der Reisende kann hier verweilen, Bergkristalle und Gold suchen (und manchmal auch finden) oder das einzige Hochmoor Europas besichtigen.

■ **Beste Reisezeit:** Winter und Sommer. Obwohl Österreich auch im Frühling und im Herbst schön ist, kann es in den Wochen vor Ostern und im November ganz schön einsam werden, wenn sich die alpenländischen Gastwirte und Hoteliers in der Karibik erholen.
■ **Empfehlenswerte Gegenden:** Kärnten, Salzburger Land, besonders Lungau und der Nationalpark Hohe Tauern, Burgenland mit Nationalpark Neusiedler See.
■ **Spezialangebote:** werden zu jeder Saison neu erarbeitet; Informationen in Tageszeitungen und bei der Österreich-Information.
■ **Schöner wohnen für wenig Geld:** Berghütten, Urlaub auf dem Bauernhof, Schloßhotels; vgl. Kapitel „Traumunterkünfte für den kleinen Geldbeutel“.
■ **Richtpreise für Low-budget-Unterkünfte:** ab 15 Mark pro Nacht (Privatzimmer werden über die örtlichen Fremdenverkehrsbüros vermittelt).
■ **Nationalparks:** Nationalpark Hohe Tauern, Nationalpark Neusiedler See, Nationalpark Nockberge; Adressen und Telefonnummern finden Sie im Kapitel „Nationalparks“.

i Informationen über: Österreich-Information, Tel. 0 89/ 6 66 71-0 (Adresse siehe Anhang).

Philippinen

Vulkanausbrüche, Erdbeben, Taifune – Naturkatastrophen auf den Philippinen kommen in letzter Zeit relativ häufig vor, betreffen aber meist nur einen kleinen Teil der über 7.000 Inseln, von denen rund 2.500 bewohnt sind. In den Südwesten, wo sich die schönsten Badeinseln (z. B. Boracay, Palawan) befinden, kann man meist ohne Probleme reisen. Aktuelle Informationen über die Situation im Land gibt es beim Auswärtigen Amt in Bonn, Tel. 02 28/1 70.

Viele der Inseln südwestlich von Manila können sich sehen lassen. Jacques-Yves Cousteau bezeichnete die Calamain-Gruppe nördlich der Insel Palawan sogar als „eine der schönsten Regionen der Welt".

Die Philippinen-Insel **Nagarao** ist auf keiner Landkarte zu finden. Sie liegt eine halbe Tagesreise mit Flugzeug, Jeep und Boot von der Hauptstadt Manila entfernt und gehört dem deutschen Fernreise-Pionier Martin Stummer. Er hat aus dem durch Kahlschlag zerstörten Eiland ein wahres Tropenparadies gemacht. Neu gepflanzte Bäume lockten Schmetterlinge und Vögel zurück. Zwischen blühenden Bougainvillea- und Hibiskusstauden liegen kleine Ferien-Bungalows im landestypischen Stil. Maximal 30 Gäste auf einmal können auf Nagarao ihren Inseltraum leben: Langusten frisch aus dem Meer auf den Grill, Kokosnüsse von der Palme, kühle Drinks am Pool serviert, Ausflüge mit den Fischern auf ihren Auslegerbooten – jeder Wunsch wird erfüllt. Die Kosten halten sich in Grenzen: Zehntägige Pauschalarrangements gibt es ab 2.350 Mark. Im Preis eingeschlossen sind der Linienflug von und nach Deutschland, Übernachtung in Manila, Transfer und Übernachtung mit Vollpension auf der Insel, dazu sämtliche Ausflüge, Picknicks und sportliche Aktivitäten. Wer länger bleiben möchte, kann seinen Aufenthalt tage- oder wochenweise verlängern.

Informationen und Buchung: Nagarao Insel Reise, Ludwig-Richter-Str. 21a, 80687 München, Tel. 0 89/ 5 70 65 03.

- **Beste Reisezeit:** Januar bis April. Ab Juni wird es sehr heiß, im Spätsommer drohen Taifune.
- **Empfehlenswerte Gegenden:** viele schöne Badeinseln im Südwesten, z. B. Boracay, Palawan.
- **Spezialangebote:** Inselurlaub auf Nagarao; Philippinenurlaub im Baukastensystem mit Ein- bis Fünf-Sterne-Hotels kann man beim Asien-Spezialist Tischler-Reisen buchen, Tel. 0 88 21/ 9 31 70.
- **Richtpreise für Low-budget-Unterkünfte:** Strandhütten z. B. auf der Insel Camaguin (nordwestlich von Mindanao), ab 250 Pesos (ca. 17 Mark) pro Nacht; einfache Hotels ab 30 Mark pro Person und Nacht.
- **Welterbe:** Barockkirchen in Manila, Santa Maria, Paoay und Miagao, Marinepark Korallenriff Tubbataha.
- **Nationalparks:** Mount Arayat Nationalpark (Luzon), Hundred Islands Nationalpark (Luzon), Calauit Nationalpark (östlich von Mindoro), Mt.-Apo-Nationalpark (Mindanao), Sohoton Nationalpark (Samar).

Informationen über: Philippinisches Fremdenverkehrsamt, Tel.0 69/2 08 93, Hintergrund/Kultur: Sympathie-Magazin Philippinen.

Portugal

Udo Jürgens liebt die Algarve, weil sie ihn an Österreich erinnert. Die meisten Portugalfans sehen das anders. Sie mögen die Algarve und die anderen schönen Küsten Portugals, weil sie

alles bieten, was Mitteleuropa im Sommer fehlt: Sonne, Sand und Meer, Wein und frischen Fisch – und das alles für wenig Geld. Doch Portugals schönste Küste ist längst kein Geheimtip mehr. Trotzdem gibt es auch dort noch versteckte Flecken. An der Westküste, zwischen Sagres und Odeceixe, findet man noch kilometerweit menschenleere Strände – und, wegen der tollen Brandung, wahre Surfer-Paradiese.
Neben den üblichen Pauschalangeboten gibt es in Portugal besonders reizvoll gelegene Unterkünfte in Herrenhäusern, Landsitzen und auf Bauernhöfen. Sie können diese Quartiere entweder direkt buchen (Informationen und Adressen beim Fremdenverkehrsamt) oder pauschal mit Flug bei mehreren großen Reiseveranstaltern (z. B. TUI, Olimar, Jahn-Reisen); eine Liste sämtlicher Veranstalter hält das Fremdenverkehrsamt bereit.

■ **Beste Reisezeit:** April bis Oktober.

■ **Empfehlenswerte Gegenden:** Algarve, Costa de Prata, Costa Azul, Costa Verde.

■ **Spezialangebote:** Pauschalangebote bei fast allen großen Veranstaltern. Das Portugiesische Fremdenverkehrsamt gibt eine Broschüre mit einer Gesamtübersicht über alle Pauschalangebote der Sommersaison heraus. An der Algarve und auf Madeira gibt es im Winter sehr preiswerte Angebote für Langzeit-Urlauber.

■ **Schöner wohnen für wenig Geld:** *Solares* und *Pousadas,* das sind Herrenhäuser, Land- und Weingüter sowie historische Gebäude, in denen man übernachten kann; Schloßhotels (vgl. Kapitel „Fürstliche Schlafstätten zu bürgerlichen Preisen"), Bauernhöfe und Herrenhäuser können von Deutschland aus pauschal gebucht werden, z. B. bei TUI, Wolters, Olimar, Jahn-Reisen; die *Quintas* genannten Landhäuser auf Madeira können über Jahn-Reisen gebucht werden.

■ **Richtpreise für Low-budget-Unterkünfte:** Doppelzimmer ab ca. 40 Mark pro Nacht. Für Portugal gibt es sehr preiswerte Pauschalangebote, günstiger können Sie den Urlaub auch vor Ort nicht organisieren.

■ **Welterbe:** Stadtzentrum von Angra do Heroismo auf der Azoren-Isel Terceira, Christuskloster in Toma, Kloster Batalha, Hieronymitenkloster und Turm von Belém in Lissabon, historisches Zentrum von Evora, Kloster Alcobaca.

■ **Nationalpark:** Nationalpark Peneda-Gerês, Rua de S. Geraldo 29, 4700 Braga, Portugal.

i Informationen über: Portugiesisches Touristikamt, Tel. 0 69/23 40 94 (Adresse siehe Anhang).

Spanien

Als eines der Lieblings-Urlaubsländer der Deutschen hat Spanien kaum ein Fleckchen, das nicht pauschal gebucht werden könnte. Die Angebote der Reiseveranstalter sind oft unschlagbar (eine Woche um ca. 500 Mark für Flug/Hotel ist keine Seltenheit). Billiger können Sie es auf eigene Faust nicht organisieren. In Spanien braucht sich der Paradies-Sucher nur mehr darauf zu konzentrieren, wo es am schönsten ist. Informationen über die reizvollsten Strände Spaniens finden Sie im Kapitel „Wo das Mittelmeer noch Einsamkeit bietet".

Kanarische Inseln:

Fuerteventura: schwarze Strände, erloschene Vulkane: Fuerteventura bietet Reize der herberen Art.

Hierro: Wer Ruhe und Natur abseits von jeglichem Touristen-Rummel sucht, ist auf der kleinsten Kanaren-Insel bestens aufgehoben.

■ **Beste Reisezeit:** Auf den Kanarischen Inseln ist ganzjährig Saison, auch auf den Balearen überwintern Mitteleuropäer gerne, allerdings ohne Badevergnügen. Badeurlaub an der spanischen Festlandküste ist von Mai bis Ende September möglich, danach gehen nur Hartgesottene ins Wasser.

■ **Empfehlenswerte Gegenden:** Costa de la Luz, Kanarische Inseln im Sommer, Balearen.

■ **Spezialangebote:** Paradores-Rundreisen; Schnäppchen-Reisen werden von allen Veranstaltern regelmäßig angeboten. Für Langzeit-Urlauber gibt es im Winter sehr preiswerte Angebote sowohl an den Mittelmeer-Stränden als auch auf den Kanarischen Inseln.

■ **Schöner wohnen für wenig Geld:** Paradores (vgl. Kapitel „Fürstliche Schlafstätten zu bürgerlichen Preisen"), Klöster, Fincas, Granjas zum Übernachten; Urlaub auf dem Bauernhof in Katalonien (kostenlose Broschüre beim Fremdenverkehrsamt), private Ferienwohnungen (vor allem auf den Balearen) werden oft in Kleinanzeigen der Tageszeitungen angeboten.

■ **Richtpreise für Low-budget-Unterkünfte:** Hostales und Pensionen: Doppelzimmer ab 20 Mark, Hotels ab 40 Mark/Person und Nacht.

■ **Welterbe:** Altstadt von Santiago de Compostela, Höhle von Altamira, Kirchen im Königreich Asturien, Park Güell und Casa Milà von Antonio Gaudi in Barcelona, Kathedrale von Brugos, Altstadt von Salamanca, Altstadt von Segovia mit Aquädukt, Altstadt von Avila und Kirchen außerhalb der Stadtmauer, Escorial (Kloster mit Umgebung), Mudéjar-Architektur in Teruel, Altstadt von Toledo, Altstadt Cacéres, Moschee von Córdoba, Alhambra und Generalife-Palast in Granada, Kathedrale, Alcazar und Archivo de Indias in Sevilla, Nationalpark Garajonay (Insel Gomera), Alte Zisterzienserabtei von Poblet, Bauten der Römerzeit und des früheren Mittelalters in Merida, Pilgerweg nach Santiago de Compostela, Königliches Kloster von Santa Maria de Guadaloupe.

■ **Nationalparks:** Spanien verfügt über eine Vielzahl von Nationalparks, deren Adressen zu erfragen sind bei: Föderation der Natur- und Nationalparks Europas (FNNPE), Kröllstr.5, 94481 Grafenau, Tel.0 85 52/28 39, Fax: 0 85 52/32 42.

i Informationen über: Spanisches Fremdenverkehrsamt, Tel. 0 69/72 50 33; Hintergrund/Kultur: Sympathie-Magazin Spanien.

Sri Lanka (Ceylon)

Sri Lanka heißt „das strahlend schöne Land" – und das ist nicht übertrieben. Malerische Tropenlandschaft, Traumstrände, Tee-Plantagen und buddhistische Kultur-Denkmäler, dazu äußerst preiswerte Hotels und Guest-Houses machen die asiatische Insel im Indischen Ozean zu einem absoluten Traumziel. Leider haben immer wieder ausbrechende Unruhen durch den Bürgerkrieg im Norden in den letzten elf Jahren den Ruf Ceylons als Trauminsel bedeutend geschädigt.
Die schönsten Strände liegen im Südwesten der Insel. In der ehemaligen Hippie-Hochburg **Hikkaduwa**, heute besser bekannt für seine Korallengärten, gibt es immer noch spottbillige Guest-Houses.

■ **Beste Reisezeit:** November bis April.
■ **Spezialangebote:** Pauschalangebote z. B. bei Transair, Jahn-Reisen, TUI, Tjaereborg, THR, ITS.
■ **Richtpreise für Low-budget-Unterkünfte:** Der offizielle „Accommodation Guide" des Ceylonesischen Fremdenverkehrsamtes führt einfache Unterkünfte ab 6 US-$ pro Nacht auf. Von Deutschland über Reisebüros gebucht, gibt es preiswerte Übernachtungsmöglichkeiten ab 25 US-$.

■ **Welterbe:** Ruinenstadt Sigiriya, Ruinenstadt Polonnaruwa, heilige Stadt Anuradhapura, Naturschutzgebiet Sinharaja Forest, heilige Stadt Kandy, Altstadt und Festungswerke von Galle, Goldener Felsentempel von Dambulla.
■ **Nationalparks:** Bundala-Nationalpark, Yala-Nationalpark, Udawalawe-Nationalpark; vgl. Kapitel „Nationalparks".

i Informationen über: Ceylonesisches Fremdenverkehrsamt, Tel. 0 69/28 77 34 (Adresse siehe Anhang); Hintergrund/Kultur: Sympathie-Magazin Sri Lanka.

Thailand

Ob Palmenstrand oder alte Kultur, Shopping-Rausch oder Abenteuertrip – Thailand bietet für jeden etwas. Das „Land der Freien" mit seiner chaotischen Hauptstadt Bangkok ist der ideale Einstieg, um Südostasien kennenzulernen. Abgesehen vom angenehmen Preis-Leistungs-Verhältnis findet der Reisende neben perfektem, freundlichem Service eine phantastische Küche. Dazu unvergleichliche Kulturschätze, makellose Traumstrände vor allem im Süden, immer noch einsame Inseln und Unterkünfte in jeder Preisklasse – ab 10 Mark pro Tag für einen schlichten Strandbungalow.

■ **Beste Reisezeit:** November bis Februar. Die Monsun-Saison dauert von Juni bis Oktober, während März, April und Mai die heißesten Monate sind.
■ **Empfehlenswerte Gegenden:** zum Baden: Ko Samui, Ko PhaNgan, Ko Chang (Ko heißt Insel), Krabi; für Ausflüge ins Landesinnere: der Norden.
■ **Spezialangebote:** In Thailand können Sie ausgezeichnet und preiswert essen, trinken und einkaufen (Reisgericht ca.

2 Mark, eine Cola 30 Pfennig). Für Reisende, die viel vom Land sehen möchten, bietet sich eine Zugfahrt von Bangkok in den Süden an (die Strecke geht bis Kuala Lumpur, Malaysia); Pauschalangebote z. B. bei Transair, Jahn-Reisen, TUI, Tjaereborg, THR, ITS, Kreutzer. Viele Airlines haben Bangkok als Stop-over-Angebot mit Übernachtungen in Luxushotels zu sagenhaft günstigen Preisen anzubieten.

■ **Schöner wohnen für wenig Geld:** An der westlichen Seegrenze zu Malaysia liegt der Marine-Nationalpark Tarutao, ein Archipel von 51 geschützten Inseln. Die meisten davon sind gut erreichbar und bieten einfache Unterkünfte in Bungalows.

■ **Richtpreise für Low-budget-Unterkünfte:** einfache Strandbungalows ab 10 Mark; hochklassige Hotels in den Städten sind verhältnismäßig preiswert. Generell gilt: Billige Unterkünfte bucht man am besten vor Ort. Für teure Bungalows oder Hotels zahlt man weniger, wenn man sie in Deutschland reserviert.

■ **Welterbe:** Ruinen von Ayutthaya, Ruinen von Sukhothai, Wildschutzgebiet Thung Yai-Huai Kha Khaeng, archäologische Denkmäler von Ban Chiang.

■ **Nationalparks:** Khao Yai Nationalpark, Marine-Nationalpark Tarutao; vgl. Kapitel „Nationalparks".

i Informationen über: Thailändisches Fremdenverkehrsbüro, Tel. 0 69/29 57 04 (Adresse siehe Anhang); Hintergrund/Kultur: Sympathie-Magazin Thailand.

Tschechische Republik

„In der ganzen Welt gibt's nur drei Orte, wo ich leben möchte, Weimar, Rom und **Karlsbad**", so schwärmte schon Goethe von der ehrwürdigen tschechischen Kurstadt. Auch Beethoven, Schiller und Paganini badeten sich hier gesund, neben gekrönten Häuptern wie Peter dem Großen und Kaiserin Elisabeth. Die alte Bäderstadt mit ihren zwölf Heil-Mineralquellen (bis zu 72 Grad), Jodbädern und prächtigen Bauten erlebt – genauso wie das ebenso traditionsreiche Marienbad – eine Renaissance, was auch an den preiswerten Kuranwendungen liegt.

Prag: Die Moldau-Metropole entwickelt sich in den letzten Jahren immer mehr zur Hauptstadt der zweiten Flower-Power-Welle. Mit ein Grund für die wachsende Popularität Prags ist der günstige Wechselkurs für harte Währungen wie DM und US-Dollar. Alt- und Neuhippies aus Europa und den USA treffen sich in den Parks und Cafés und wohnen in billigen Mehrbettzimmern für 15 Mark pro Nase. Wer nicht mehr ganz so spontan und unkompliziert nächtigen möchte, findet über „Cedok-Reisen" günstige Privatzimmer ab 40 Mark und Hotels ab 50 Mark.

■ **Beste Reisezeit:** die wärmsten Monate sind Juli und August; eine Reise nach Prag lohnt sich das ganze Jahr über.

■ **Empfehlenswerte Gegenden:** Karlsbad, Marienbad für preiswerte Kuraufenthalte (leider übernehmen deutsche Krankenkassen die Kosten noch nicht), Prag.

■ **Spezialangebote:** Der Veranstalter Cedok ist Spezialist für Reisen in die Tschechische und Slowakische Republik.

■ **Richtpreise für Low-budget-Unterkünfte:** Privatzimmer ab 40 Mark.

■ **Welterbe:** historisches Zentrum von Prag, historisches Zentrum von Böhmisch Krumau, historisches Zentrum von Teltsch.

■ **Nationalparks:** Nationalpark Krkonose, Nationalpark Sumava; Adressen bei: Föderation der Natur- und Nationalparks Europas (FNNPE), Kröllstr. 5, 94481 Grafenau, Tel. 0 85 52/ 28 39, Fax: 0 85 52/32 42.

i Informationen über: Tschechische Zentrale für Tourismus, Tel. 0 30/2 00 47 70; Cedok Reisen, Tel. 0 69/27 40 17-0 (Adressen siehe Anhang).

Türkei

Klassische Kultur (z. B. Troja), ursprüngliche Landschaft und sonnenverwöhnte Küsten an drei Meeren (Mittelmeer, Ägäis und Schwarzes Meer) zu günstigen Preisen – das hat die Türkei zu bieten. Vor allem die türkische Riviera ist als Urlaubsziel im Programm der großen Veranstalter. Es lohnt sich, auf günstige Pauschalangebote (auch Last-minute) zu achten. Vor allem einwöchige Reisen sind oft so preiswert, daß es schwerfallen würde, die Reise auf eigene Faust billiger zu organisieren.

■ **Beste Reisezeit:** An der Südküste herrschen bereits ab Mitte April angenehme Temperaturen und im Herbst noch bis Ende Oktober. Die Badesaison an der Nordägäis- und Schwarzmeerküste dauert von Juni bis September.

■ **Empfehlenswerte Gegenden:** türkische Ägäisküste, landschaftlich besonders reizvoll ist die lykische Küste mit der Bucht von Fethiye, türkische Mittelmeerküste.

■ **Spezialangebote:** Pauschalangebote bei allen großen Reiseveranstaltern, oft sehr günstig. Für Langzeit-Urlauber gibt es im Winter sehr preiswerte Angebote (z. B. Öger Tours, TUI).

■ **Richtpreise für Low-budget-Unterkünfte:** Ein-Wochen-Pauschalreisen (Flug/Halbpension) ab ca. 650 Mark, Hotels in Istanbul ab ca. 50 Mark/Nacht, Pensionen am Meer ab 20 Mark/Nacht.

■ **Welterbe:** historische Bereiche von Istanbul, antike Stadt Hierapolis-Pamukkale, Hattusa (ehemalige Hauptstadt der Hethiter), Nationalpark Göreme und die Felsendenkmäler von Kappadokien, Große Moschee und Krankenhaus von Divrigi, Ruinenstätte

Nemrut Dag, Ruinen von Xanthos mit dem Heiligtum der Latona.

■ **Nationalparks:** Adressen und Informationen über die 21 türkischen Nationalparks erhalten Sie bei: Föderation der Natur- und Nationalparks Europas (FNNPE), Kröllstr. 5, 94481 Grafenau, Tel. 0 85 52/28 39, Fax: 0 85 52/32 42.

i Informationen über: Informationsabteilung des Türkischen Generalkonsulats, Tel. 0 69/23 27 51 (Adresse siehe Anhang); Hintergrund/Kultur: Sympathie-Magazin Türkei.

Tunesien

Im Sommer, wenn auch bei uns die Sonne scheint, purzeln in Tunesien die Preise. Und im Winter gibt es hier ebenfalls günstige Urlaubsangebote, besonders für Langzeit-Urlauber – in jeder Jahreszeit kommt man in Tunesien am preiswertesten zu einem Urlaub, wenn er pauschal in Deutschland gebucht wird.

TIP Einsame Inseln mit Palmenstränden findet man auch in Tunesien. Nördlich von Djerba, 20 Kilometer östlich vom Festland-Städchen Sfax, liegen die **Kerkenna-Inseln**, erreichbar täglich per Autofähre von Sfax nach Gharbi. Die beiden bewohnten Hauptinseln Gharbi und Chergul sind durch einen Straßendamm verbunden. Rund 15.000 Menschen leben hier – hauptsächlich vom Schwammtauchen und Fischfang. Segler schätzen die Inseln als Badestation auf einem Tunesien-Törn. Die einsamen Sandstrände unter Palmenhainen eignen sich hervorragend zum Tauchen. Hotelbunker und Clubdörfer sucht man vergebens, denn der Tourismus steckt noch in den Kinderschuhen. Wer sich nach Ruhe und Erholung sehnt, findet hier noch ein so gut wie unentdecktes Urlaubsparadies.

■ **Beste Reisezeit:** Mai, Juni und Oktober. Im Juli und August wird es recht heiß, während es zwischen November und März stark abkühlt und häufig regnet.

■ **Empfehlenswerte Gegenden:** Kerkenna-Inseln.

■ **Spezialangebote:** Pauschalangebote bei allen großen Veranstaltern, günstige Winter-Langzeit-Urlaubsangebote z. B. bei NUR.

■ **Richtpreise für Low-budget-Unterkünfte:** am besten Pauschalangebote buchen: Eine Woche Tunesien mit Flug und Übernachtung/Frühstück wird oft schon ab 500 Mark angeboten.

■ **Welterbe:** Nationalpark Ichkeul, Amphitheater von El-Djem, Punische Stadt Kerkuane und ihre Totenstadt, Ruinen von Karthago, Altstadt von Tunis, Altstadt von Sousse, Altstadt von Kairouan.

■ **Nationalparks:** Nationalpark Ichkeul (75 Kilometer nördlich von Tunis), Nationalpark Bou-Hedma (85 Kilometer östlich von Gafsa), Nationalpark Chaambi (15 Kilometer von Kasserine), Nationalpark Zembra-Inseln (60 Kilometer von Tunis vor der Nordküste); Informationen und Adressen: vgl. Kapitel „Nationalparks".

i Informationen über: Tunesisches Fremdenverkehrsamt, Tel. 0 69/23 18 91-92; Hintergrund/Kultur: Sympathie-Magazin Tunesien.

USA – allgemein

Wenn der Dollar fällt, wird ein Urlaub im Land der unbegrenzten Möglichkeiten für uns Europäer zum Schnäppchen. Außerdem profitieren wir vom erbitterten Preiskampf der Fluglinien auf den Nordatlantik-Strecken. So wurden im Herbst 1994 erstmals Flüge von Frankfurt nach New York unter 500 Mark an-

geboten (495 Mark, Pakistan Airways über Travel Overland, München).
Folgende Reiseveranstalter bieten Amerika-Reisen im Baukastensystem an, d. h. Flüge, Hotels und Mietwagen können nach individuellen Wünschen zusammengestellt werden: ADAC-Reisen, Airtours, DER, Meier's Weltreisen, Wolters Reisen, Nova Reisen.

TIP Wohnmobile für USA-Rundreisen buchen Sie preiswerter bei Veranstaltern in Deutschland. Oft gibt es dort besonders günstige Langzeit-Pauschalen.

■ **Beste Reisezeit:** Die Haupturlaubsmonate der Amerikaner liegen zwischen Mai und September, in Florida ist die Hauptferienzeit von Dezember bis Februar. Außerhalb dieser Zeiten sind die Feriengebiete weniger überlaufen.
■ **Empfehlenswerte Gegenden:** Florida Keys, Montana, Hawaii, Kalifornien, sämtliche Nationalparks, Indian Summer (Altweibersommer Ende September/Anfang Oktober) sehenswert in Maine, Virginia (Shenandoah Nationalpark).
■ **Spezialangebote:** teilweise sehr günstige Pauschalreisen bei allen großen Veranstaltern, z. B. Jahn-Reisen, DerTour, Transair.
■ **Schöner wohnen für wenig Geld:** Bed & Breakfast (vgl. das entsprechende Kapitel).
■ **Richtpreise für Low-budget-Unterkünfte:** Bed & Breakfast ab ca. 30 US-$ für ein Doppelzimmer, preiswerte Motels und Gasthäuser in Nationalpark-Nähe: Doppelzimmer ab ca. 35 US-$. Die billigsten Motelketten mit Zimmer um ca. 30 US-$ heißen „Super 8" und „Motel 6" (750 Häuser in den USA).
■ **Welterbe:** Nationalparks Kluana und Wrangell-Saint-Elias (mit kanadischem Teil), Nationalpark Olympic Mountains (Washington), Nationalpark Redwood (Kalifornien), Nationalpark

Yosemite (Kalifornien), Nationalpark Yellowstone (Wyoming), Nationalpark Grand Canyon (Colorado), Nationalpark Mesa Verde (Colorado), historischer Nationalpark Chaco, Cahokia Mounds (vorgeschichtliche Siedlung), Nationalpark Mammuthöhlen (Kentucky), Freiheitsstatue, Unabhängigkeitshalle in Philadelphia, Monticello und Universität von Virginia in Charlottesville, Nationalpark Great Smoky Mountains (Tennessee), Nationalpark Everglades (Florida), Festung La Fortaleza und Altstadt von San Juan in Puerto Rico, Nationalpark „Vulkane von Hawaii", Pueblo (Indianerdorf) Taos.

▪ **Nationalparks:** Neben den oben erwähnten Nationalparks gibt es noch zahlreiche andere: Haleakala Nationalpark (Hawaii), Voyagers Nationalpark (Minnesota), Acadia Nationalpark (Maine), Glacier Nationalpark (Montana), Canyonlands Nationalpark (Utah), Bryce Canyon Nationalpark (Utah), Arches Nationalpark (Utah), Grant Teton Nationalpark (Wyoming), Rocky Mountains Nationalpark (Colorado), Hot Springs Nationalpark (Arkansas), Shenandoah Nationalpark (Virginia), Carlsbad Caverns Nationalpark (im Südosten New Mexicos), Petrified Forest Nationalpark (Arizona, der größte versteinerte Wald der Welt), Crater Lake Nationalpark (Oregon), Lassen Volcanic Nationalpark (Kalifornien), Mount Rainier Nationalpark (Washington), North Cascades Nationalpark (Washington), Theodore Roosevelt Nationalpark (North Dakota), Guadaloupe Mountains Nationalpark (Texas), Biscayne Nationalpark (Florida), Jean-Lafitte-Nationalpark (Louisiana); vgl. auch Kapitel „Nationalparks".

i Informationen: Sehr ausführlich und gut für erste Vorab-Informationen über die USA im allgemeinen ist der 140 Seiten dicke USA-Ferienplaner des amerikanischen Fremdenverkehrsamtes. Für die einzelnen Bundesstaaten gibt es verschiedene Fremdenverkehrsämter, die ausgezeichnetes Informationsmaterial speziell über ihren Bundesstaat bereithalten.

Fremdenverkehrsamt der USA (USTTA), Tel. 0 69/92 00 36 0;
Vertretungen der einzelnen Staaten und Städte:
Alaska: Tel. 0 69/94 31 00-80
Florida: Tel. 0 69/1 31 07 31
Fort Lauderdale: Tel. 0 89/26 76 90
Las Vegas: Tel. 0 89/26 78 95
Lee County: Tel. 0 69/4 20 89 00
Michigan: Tel. 06 11/37 62 06
Missisippi: Tel. 0 69/97 54 45 08
New England: Tel. 0 61 72/30 56 86
New Orleans: Tel. 0 69/43 56 55
North Carolina: Tel. 02 11/32 05 33
Orlando: Tel. 0 69/28 96 85
Palm Beach: Tel. 0 69/43 56 64
Pennsylvania: Tel. 0 22 04/5 79 59
Rocky Mountains (Idaho, Montana, South Dakota, Wyoming):
Tel. 0 69/44 60 02
South Carolina: Tel. 0 69/70 40 13
Texas: 0 69/28 08 71
U. S. Virgin Islands: Tel. 0 69/89 20 08
Virginia: Tel. 0 69/29 19 23
Washington D. C.: 0 69/4 95 04 93
(Adressen siehe Anhang).

USA: Florida

Florida ist das Lieblings-Urlaubsgebiet der Amerikaner. Auch bei europäischen Urlaubern wird die Halbinsel im Südosten der USA immer mehr zum Renner, denn sie bietet für jeden etwas: turbulentes Strand- und Nachtleben auf der Ostseite, idyllische, ruhige Inselparadiese auf der Westseite. Nicht zu vergessen, *Disney World* in Orlando. Dazu die grandiosen Nationalparks

Everglades und *Biscayne* im Süden. Relativ neu als Urlaubsziel für Europäer ist **Lee County** an der Südwestküste Floridas mit 50 Meilen weißer Sandstrände, familienfreundlichen Hotels und witzigen Restaurants.

- **Beste Reisezeit:** Frühjahr und Herbst. In Florida ist die Hauptferienzeit von Dezember bis Februar. Im August sind alle Strände leer und einsam. Allerdings regnet es fast täglich um Punkt vier Uhr – für eine Stunde, und dann strahlt der Himmel wieder blau, als ob nichts gewesen wäre.
- **Empfehlenswerte Gegenden:** Lee County, Florida Keys.
- **Spezialangebote:** Pauschalangebote für ganz Florida z. B. bei Transair, Jahn-Reisen, TUI, Tjaereborg, THR, ITS; Pauschalangebote für Lee County z. B. bei ITS, TUI oder dem ADAC.
- **Schöner wohnen für wenig Geld:** siehe USA allgemein.
- **Richtpreise für Low-budget-Unterkünfte:** siehe USA allgemein.
- **Nationalparks:** Biscayne Nationalpark, Everglades Nationalpark.

i Informationen über: Lee County Fremdenverkehrsamt, automatischer Prospektdienst: Tel. 0 69/41 12 37; Orlando Tourism Bureau, Tel. 0 69/28 96 23. Fremdenverkehrsamt der USA, Tel. 0 69/92 00 36 19; Greater Fort Lauderdale Visitors Bureau, Tel. 0 89/26 76 90 (Adressen siehe Anhang).

USA: Hawaii

Ob in Maui oder Oahu, Kauai oder Hawaii (The Big Island) – überall werden relativ preiswerte Privatunterkünfte in den schönsten Gegenden angeboten. Die „Affordable Paradise Bed and Breakfast Agency" hat sich auf die Vermittlung von Bed & Breakfast auf allen Inseln des südlichsten Bundesstaats der USA spezialisiert. Alle Quartiere sind in Strandnähe oder direkt am Meer gelegen, oft mit Swimmingpool und grandioser Aussicht. Übernachtungsmöglichkeiten gibt es ab 45 US-$ für das Doppelzimmer. Im Angebot sind Privatzimmer (ab 45 US-$ pro Tag für das Doppelzimmer), Studio-Appartements (ab 45 US-$ pro Tag), Ferienwohnungen (ab 55 US-$ pro Tag) und Ferienhäuser (ab 125 US-$ pro Tag). Die Gründerin der Agentur stammt übrigens aus Kempten/Allgäu, lebt aber schon seit 25 Jahren in Hawaii.

■ **Empfehlenswerte Gegenden:** Kauai war Drehort vieler Filme.
■ **Spezialangebote:** Pauschalangebote z. B. bei Tjaereborg.
■ **Schöner wohnen für wenig Geld:** Bed & Breakfast.
■ **Richtpreise für Low-budget-Unterkünfte:** Doppelzimmer ab 45 US-$ pro Nacht.
■ **Welterbe:** Nationalpark „Vulkane von Hawaii".
■ **Nationalparks:** Nationalpark „Vulkane von Hawaii", Haleakala Nationalpark; vgl. Kapitel „Nationalparks".

i Informationen über: Affordable Paradise Bed and Breakfast Agency, Gabriele Finn, 226 Pouli Road, Kailua, Oahu HI–96734, USA, Tel. 0 01/8 08/2 63 78 65, Fax 0 01/8 08/2 61 73 15.

USA: Montana

Montana gilt in den USA als das letzte Paradies. Halb Hollywood hat sich hier schon eine Farm mit ausreichenden Weidegründen gekauft, denn an Land herrscht kein Mangel in dem viertgrößten Bundesstaat der USA, der etwas größer ist als Deutschland, aber nur 839.000 Einwohner hat. Robert Redford begründete den Trend spätestens mit seinem Film „Und aus der Mitte entspringt ein Fluß". Das Buch zu diesem romantischen Naturfilm über die Kunst des Fliegenfischens stammt von dem Schriftsteller Norman Maclean, der damit seiner Kindheit in Montana ein Denkmal setzte. Montana ist Indianerland, zwölf Indianerstämme sind auch heute noch dort beheimatet. Und wer gerne leben möchte wie ein Cowboy, der kann auf zahlreichen Gästefarmen lernen, wie man Rinder treibt. Zwei der berühmtesten Nationalparks der USA, der Yellowstone-Nationalpark und der Glacier-Nationalpark, liegen in Montana, genauso wie die Rocky Mountains, übrigens ein phantastisches Skigebiet.

- **Beste Reisezeit:** ganzjährig, Frühjahr bis Herbst Cowboytraum, im Winter Skigebiet.
- **Empfehlenswerte Gegenden:** Little-Big-Horn-Schlachtfeld, staatlicher Park Makoshika, Lewis-and-Clark-Pfad, staatlicher Lewis-and-Clark-Höhlenpark.
- **Spezialangebote:** Auf Gäste-Farmen können Sie ein paar Tage lang als Cowboy leben (für 400–1.000 US-$/Woche, Informationen: Fremdenverkehrsamt).
- **Richtpreise für Low-budget-Unterkünfte:** Doppelzimmer ab 30 US-$/Nacht.
- **Nationalparks:** Yellowstone Nationalpark, Glacier Nationalpark.

i Informationen über: Fremdenverkehrsbüro für Montana, Tel. 0 69/44 60 02.

USA: New Mexico

D. H. Lawrence, der englische Romanschriftsteller sagte einmal: „An großartiger Schönheit habe ich niemals etwas, was New

Mexico gleichkommt, erlebt." Vor und nach ihm waren Tausende von Schriftstellern, Künstlern und Fotografen von New Mexico begeistert, wegen der außergewöhnlichen Schönheit des Landes und der ungewöhnlichen Lichtbeschaffenheit. Santa Fe, die Hauptstadt New Mexicos, zählt zu den bedeutendsten Kunstzentren der USA. Außerdem gilt Santa Fe als Mekka der New-age-Bewegung. Nirgendwo sonst helfen mehr Wahrsagerinnen, Schamanen und Heilkundige bei der Suche nach dem Sinn des Lebens.

- **Beste Reisezeit:** Im Hochsommer sind die Temperaturen überall sehr hoch, dafür sind um diese Zeit sehr wenig Touristen unterwegs, was ein großer Vorteil ist. In den Ebenen dauert die Hochsaison mit milden, warmen Temperaturen von Oktober bis einschließlich April. In den höher gelegenen Bergregionen New Mexicos beginnt im Dezember die Skisaison. Sie dauert bis März.
- **Empfehlenswerte Gegenden:** der südliche Teil von New Mexico und Arizona.
- **Schöner wohnen für wenig Geld:** siehe USA allgemein.
- **Richtpreise für Low-budget-Unterkünfte:** Doppelzimmer ab 30 US-$/Nacht.
- **Welterbe:** Pueblo (Indianerdorf) Taos.
- **Nationalparks:** Carlsbad Caverns Nationalpark.

i Informationen über: Fremdenverkehrsamt der USA, Tel. 0 69/9 20 03 60 (Adresse siehe Anhang).

USA: Südstaaten

South Carolina, Georgia, Alabama, Mississippi und *Louisiana* gehören zum Alten Süden der USA. Diese geschichtsträchtige Region der USA baute bis zum Bürgerkrieg (1861–1865) ihren

Reichtum auf Sklavenarbeit auf. Viele der feudalen Herrenhäuser aus jener Zeit sind noch heute auf Baumwollplantagen zu besichtigen. Die bekanntesten Helden aus den Südstaaten sind allerdings Romanfiguren: Scarlett O'Hara, die tragische Schönheit aus „Vom Winde verweht", Tom Sawyer und Huckleberry Finn aus Mississippi sowie die Gestalten aus den Südstaaten-Dramen von Tennessee Williams (Endstation Sehnsucht, Die Katze auf dem heißen Blechdach, Wer die Nachtigall stört ...). Mit Helden aus der Welt des Sports werden die Südstaaten im Jahr 1996 die Öffentlichkeit auf sich aufmerksam machen: als Austragungsort der Olympischen Spiele in Atlanta.

■ **Beste Reisezeit:** März bis Juni, im Sommer häufig sehr schwül, von September bis November Hurrikans möglich.
■ **Empfehlenswerte Gegenden:** Charleston/South Carolina, Mobile/Alabama.
■ **Richtpreise für Low-budget-Unterkünfte:** Motels ab 30 US-$ pro Person und Nacht.
■ **Nationalparks:** Jean-Lafitte-Nationalpark (Louisiana).

i Informationen über: Mississippi: Tel. 0 69/97 54 45 08, South Carolina: Tel. 0 69/70 40 13 (Adressen siehe Anhang).

Venezuela

Am Nordrand von Südamerika gelegen, beeindruckt Venezuela durch seine großartigen Landschaftsformationen: Dschungel, das **Flußdelta des Orinoco** und die Anden, die sich von Venezuela aus gigantischer präsentieren als die europäischen Alpen. Schon Alexander von Humboldt war von der Pracht der Gegend so begeistert, daß er Venezuela als das schönste Land der Welt bezeichnete.

An der karibischen Küste Venezuelas, nördlich der Kleinstadt Tucacas und dem aufstrebenden Touristenort Chichiriviche, liegen einige kleinere Bilderbuch-Palmeninseln mit feinstem, weißem Sandstrand, die zum Nationalpark Morrocay gehören. Von Chichiriviche und Tucacas aus kann man sich mit Booten dort hinbringen und wieder abholen lassen; wer eine Hängematte und Verpflegung mitnimmt, kann dort auch übernachten.

■ **Beste Reisezeit:** Trockenzeit von November bis April; Regenzeit mit Wolkenbrüchen, die ca. eine Stunde dauern, von Mai bis Oktober. Im Sommer sind die Temperaturen um 36 Grad Celsius für Europäer schwer zu ertragen.
■ **Empfehlenswerte Gegenden:** Anden, Orinoco-Delta, Nationalpark Morrocay.
■ **Spezialangebote:** Pauschalangebote z. B. bei Transair, Jahn-Reisen, TUI, THR, ITS, Kreutzer.
■ **Richtpreise für Low-budget-Unterkünfte:** Doppelzimmer ca. 30 Mark.
■ **Welterbe:** historisches Zentrum von Coro.
■ **Nationalparks:** Venezuela besitzt insgesamt 35 Nationalparks; Adressen: vgl. Kapitel „Nationalparks".

i Informationen über: Fremdenverkehrsamt Venezuela, Tel. 0 68 52/90 05 99 (Adresse siehe Anhang).

West-Samoa

Üppige Vegetation, tropisches Meeresklima mit ganzjährig konstanten Temperaturen um 26 Grad Celsius, Vulkane, Sandstrände und Korallenriffe – die ehemalige deutsche Kolonie West-Samoa ist eine weitgehend unberührte Südsee-Idylle für Schwimmer, Taucher und Wanderer. Einer, der sich hauptberuflich an den schönsten Plätzen der Welt aufhält – „Traumschiff"-Produzent Wolfgang Rademann –, hat erst im letzten Jahr die Inseln als Kulisse für den TV-Dreiteiler „Flucht ins Paradies" entdeckt. Der Tourismus steckt hier noch in den Kinderschuhen. Zwei Hauptinseln, *Upolu* und *Savaii,* die kleineren Inseln *Apolima* und *Manono* sowie fünf unbewohnte Inseln bilden den Inselstaat im Südpazifik, der zwischen Sydney und Hawaii liegt. In der Hauptstadt Apia auf Upolu verbrachte der Schriftsteller Robert Louis Stevenson („Die Schatzinsel") seine letzten Lebensjahre. Sein Grab am Mount Vaea mit herrlichem Blick auf die Stadt ist ein beliebtes Ausflugsziel für Kreuzfahrt-Touristen.

■ **Beste Reisezeit:** ganzjährig ziemlich konstantes tropisches Meeresklima mit Temperaturen um 26 Grad Celsius.
■ **Schöner wohnen für wenig Geld:** Im Traditionshotel „Aggie Greys Hotel" an der Uferpromenade der Stadt Apia auf Upolu kostet die Nacht im Doppelzimmer 80 US-$.
■ **Richtpreise für Low-budget-Unterkünfte:** Zimmer ab 15 US-$ pro Person und Nacht (Adressen in der Broschüre des Western Samoa Visitors Bureau).

i Informationen über: Western Samoa Visitors Bureau, Tel. 0 89/65 32 04 (Adresse siehe Anhang).

Zypern

Die drittgrößte Insel im Mittelmeer ist nur einen Steinwurf von Kleinasien entfernt. Sie gehört zu den europäischen Urlaubszielen, auf die Sonnenhungrige schon sehr früh im Jahr und bis weit in den Herbst hinein flüchten können. Zypern ist bei fast allen großen Reiseveranstaltern im Programm. Es lohnt sich, auf günstige Pauschalangebote (auch Last-minute) zu achten. Die sind oft so preiswert, daß Sie keine Chance haben, Ihre Reise auf eigene Faust billiger zu organisieren.

■ **Beste Reisezeit:** Von März bis Mai zeigt sich die Insel von ihrer grünsten Seite, und im Herbst können Sie bis Ende Oktober baden. Vom 1. Juli bis 31. August, wenn es auf Zypern sehr heiß wird, gibt es in manchen Hotels Preisnachlässe. In letzter Zeit wird die Insel auch als Winter-Urlaubsziel immer beliebter.
■ **Spezialangebote:** oft äußerst günstige Pauschalangebote bei fast allen großen Reiseveranstaltern (kurzfristig im Reisebüro erfragen). Für Langzeit-Urlauber bestehen im Winter sehr preiswerte Angebote.
■ **Schöner wohnen für wenig Geld:** „Urlaub auf dem Dorf" – Ferienhäuser in den kleinen Dörfern *Vouni* und *Pentacomo* in der Nähe von Larnaca können Sie bei Jahn-Reisen buchen.
■ **Richtpreise für Low-budget-Unterkünfte:** Guest-Houses: Doppelzimmer ab 35 Mark, Ein-Sterne-Hotels: Doppelzimmer ab 50 Mark (sehr ausführliche Informationen im Hotel- und Touristenführer des Fremdenverkehrsamtes).
■ **Welterbe:** Ruinen von Paphos, bemalte Kirchen im Gebiet von Tróodos.

i Informationen über: Fremdenverkehrsamt Zypern, Tel. 0 69/25 19 19.

ANHANG

Prädikat: besonders wertvoll – das Welterbe

Ägypten
Frühchristliche Ruinen von Abu Mena
Nubische Denkmäler von Abu Simbel bis Philae
Memphis und seine Totenstadt mit den Pyramiden von Giseh, Abusir, Sakkara und Dahschur
Theben und seine Totenstadt

Äthiopien
Nationalpark Simien
Ruinen von Aksum
Fasil Ghebbi in der Region Gondar
Felsenkirchen von Lalibela
Reliefierte Stelen von Tiya
Die Täler an den Unterläufen der Flüsse Awash und Omo

Albanien
Ruinenstadt Butriniti

Algerien
Römische Ruinen von Djemila
Bergfestung Beni Hammad
Römische Ruinen von Timgad
Tipasa (Ruinenstadt)
Tal von M´zab
Felsmalereien der Tassili n´Aijer
Kashba (Altstadt) von Algier

Argentinien
Fünf Jesuitenmissionen der Guarani
Nationalpark Los Glaciares
Nationalpark Iguazu

Australien
Great Barrier Reef (Korallen)
Lord Howe-Inselgruppe
Nationalpark Kakadu
Nationalpark Uluru (Ayers Rock)
Naturpark Haifisch-Bay
Gemäßigte und subtropische Regenwaldparks an der Ostküste
Nationalpark West Tropics in Queensland
Nationalparks von West-Tasmanien
Seengebiet von Willandra
Fraser-Insel

Bangladesh
Ruinen des buddhistischen Klosters von Paharpur
Historische Moscheenstadt Bagerhat

Belarus (Weißrußland)
Nationalpark Bialowieza
Nationalpark Belovezhskaya Pushcha

Benin
Königspaläste von Abomey

Bolivien
Potosi, Stadt und Silberminen
Jesuitenmission von Chiquitos
Altstadt von Sucre

Brasilien
Altstadt von Olinda
Brasilia
Fünf Jesuitenmissionen der Guarani
Nationalpark Iguacu (Wasserfälle)
Altstadt von Ouro Preto
Historisches Zentrum von Salvador de Bahia
Nationalpark Serra da Capivara (Felszeichnungen)
Wallfahrtskirche „Bom Jesus“ von Congonhas

Bulgarien
Naturschutzgebiet Srebarna
Thrakergrab von Sweschtari
Felskirchen von Ivanovo
Felsenrelief des Reiters von Madara
Altstadt von Nessebar
Kirche von Bojana (Sofia)
Kloster Rila
Thrakergrab von Kazanlak
Nationalpark Pirin

China
Kaiserpaläste der Ming- und Quing-Dynastien in Beijing
Zhoukoudian (Fundstätte Peking-Mensch)
Bergregion Taishan
Große Mauer
Grabmal des ersten chinesischen Kaisers Quin Shi Huan
Höhlen von Mogao
Gebirgslandschaft Huangshan
Geschichts- und Landschaftspark Wulingyiuan
Geschichts- und Landschaftspark Juizhaigou-Tal
Geschichts- und Landschaftspark Huanglong

Costa Rica
Nationalpark Talamanca
Nationalpark La Amistad (bis Panama)

Cote d´Ivoire
Naturschutzgebiet Nimba-Berge
Nationalpark Comoé
Nationalpark Tai

Deutschland
Aachen (Dom)
Speyer (Dom)
Hansestadt Lübeck
Wallfahrtskirche „Die Wies"
Trier (römische Baudenkmäler, Dom und Liebfrauenkirche)
Brühl (Schlösser Augustusburg und Falkenlust)
Hildesheim (Michaeliskirche)
Schloß und Parks von Potsdam-Sanssouci und Berlin (Glienicke und Pfaueninsel)
Benediktiner-Abtei Lorch mit ehemaligem Kloster Altenmünster
Würzburger Residenz
Bergwerk Rammelsberg und Altstadt von Goslar
Kloster Maulbronn
Altstadt von Bamberg

Dominikanische Republik
Santo Dominge (Kolonialzeit-Architektur)

Ecuador
Nationalpark Galapagos-Inseln
Nationalpark Sangay
Altstadt von Quito

El Salvador
Ruinen von Joya de Ceren

Finnland
Festung Suomenlinna
Stadt Rauma (Holzhäuser)

Frankreich
Cap Girolata, Cap Porto und Naturschutzgebiet Scandola auf Korsika
Amiens (Kathedrale)
Versailles (Schloß und Park)
Mont St. Michel und seine Bucht
Chartres (Kathedrale)
Fontainebleau (Schloß und Park)
Place d´Alliance, Place Stanislas und Place de la Carrière in Nancy
Schloß Chambord an der Loire
Abteikirche und Hügel von Vézelay
Zisterzienserabtei Fontenay
Arc-et-Senans (Königliche Salinen)
Straßburg, Grand-Ile (historisches Zentrum)
Kirche von Saint-Savin-sur-Gartempe
Tal der Vézère (Höhlenmalereien)
Orange (Amphitheater und Triumphbogen)
Römischer Aquädukt Pont du Gard
Arles (römische und romanische Denkmäler)
Reims (Kathedrale, Palais du Tau und Kloster Saint Remi)
Historisches Seineufer zwischen Pont de Sully und Pont d´Iéna
Kathedrale von Bourges

Ghana
Traditionelle Bauwerke der Ashanti

Festungen und Schlösser der Kolonialzeit an der
Volta-Mündung, in Accra, der Zentral- und der Westregion

Griechenland
Ruinenstätte Delphi (Apollonheiligtum)
Antike Stadt Epidauros, byzantinische Denkmäler von Saloniki
Akropolis von Athen
Rhodos, mittelalterliche Stadt
Meteora-Klöster
Apollontempel von Bassae
Ruinen von Olympia
Mystras
Insel Delos
Klöster Daphni, Hosios Lukas und Nea Moni (Insel Chios)
Pythagoreion und Heraion von Samos

Großbritannien
Inselgruppe St. Kilda
„Straße der Riesen" (The Giant's Causeway") und ihre Küste
Hadrianswall
Burg und Kathedrale von Durham
Königlicher Park von Studley mit den Ruinen von Fontains Abbey
Burgen und befestigte Städte König Edwards I. in der Grafschaft Gwynedd (Wales)
Industriedenkmäler im Tal von Ironbridge
Schloß Blenheim
Stadt Bath
Westminster (Palast und Abtei) und Margarethenkirche in London
Tower von London
Kathedrale, ehemalige Abtei St. Augustin und St. Martinskirche in Canterbury
Stonehenge, Avebury und zugehörige Bereiche der Megalith-Kultur
Südseeinsel Henderson Island (Pitcairn Islands)

Guatemala
Antigua Guatemala
Maya-Ruinen und archäologischer Park Quiriguá
Nationalpark Tikal

Guinea
Naturschutzgebiet Nimba-Berge

Haiti
Historischer Nationalpark mit Zitadelle, Schloß Sans Souci und Ruinen von Ramiers

Honduras
Maya-Ruinen von Copàn
Biosphärenreservat Rio Plàtano

Indien
Nationalpark Keoladeo
Rote Burg von Agra
Tadj Mahal
Mogulstadt Fatehpur Sikri
Tempelbezirk von Khajuraho
Höhlentempel Ellora
Felsentempel von Ajanta
Höhlen von Elephanta
Kirchen und Klöster von Goa
Tempelanlage von Pattadakal
Tempelbezirk von Hampi
Tempel von Brihadisvara in Thanjavur
Tempelbezirk von Mahabalipuram
Sonnentempel von Konarak
Nationalpark von Sundarbans

Nationalpark Kaziranga
Wildschutzgebiet Manas
Nationalpark Nanda Devi
Buddhistisches Heiligtum bei Sanchi
Grabmal Kaiser Humajuns in Delhi
Kutub Minar mit seinen Moscheen und Grabbauten in Delhi

Indonesien
Buddhistische Tempelanlagen von Borobudur
Hindutempel von Prambanan
Nationalpark Ujunk Kulon (Java)
Komodo-Insel (Nationalpark)

Irak
Ruinen der Partherstadt Hatra

Iran
Der Meidan-e Schah (Königsplatz von Isfahan)
Ruinen von Persepolis
Ruinenstadt Tschoga Zanbil

Irland
Archäologisches Ensemble Bend of the Boyne

Italien
Felszeichnungen in Val Camonica (Lombardei)
Venedig und seine Lagune
Kirche und Dominikanerkonvent St. Maria delle Grazie mit Leonardo da Vincis „Abendmahl" in Mailand
Historisches Zentrum von Florenz
Domplatz von Pisa
Historisches Zentrum von Rom
Rom, Basilika St. Paul vor den Mauern (mit Vatikanstadt)

Historisches Zentrum von San Gimignano
Felsarchitektur der Sassi di Matera

Japan
Adelssitz Himeji-jo
Buddhistische Heiligtümer von Horyu-ji
Wald von Jakushima
Buchenwald von Shirakami

Jemen
Altstadt von Sana'a
Altstadt von Shibam und Stadtmauer
Medina von Zabid

Jordanien
Wüstenschloß Q'useir Amra
Ruinen von Petra

Jugoslawien (Serbien, Montenegro)
Nationalpark Durmitor
Kloster Studenica
Stadt Staro Ras und Klöster Sopocani
Bucht und Region von Kotor

Kambodscha
Ruinen von Angkor

Kamerun
Tierreservat Dja

Kanada
Nationalpark Nahanni
Nationalpark Wood Buffalo

Kanadische Rocky Mountains Parks
Abgrund der zu Tode gestürzten Bisons („Head-Smashed-in Bison Jump“)
Anthony-Insel
Historischer Nationalpark (Wikingersiedlung) „l´Anse aux Meadows“
Nationalpark Gros Morne
Dinosaurier-Provinzpark
Historischer Teil von Québec
Nationalparks Kluana und Wrangell-Saint-Elias (mit amerikanischem Teil)

Kolumbien
Hafen, Befestigungen und Baudenkmäler der Kolonialzeit in Cartegna

Kroatien
Nationalpark der Seen von Plitvice
Altstadt von Dubrovnik
Altstadt und Palast Kaiser Diokletians in Split

Kuba
Altstadt und Festungsanlagen von Havanna
Stadt Trinidad und Zuckerfabriken im Valle de los Ingenios

Libanon
Ruinen der Omajyaden-Stadt Anjar
Ruinen von Baalbek
Ruinen von Byblos
Ruinen von Tyros

Lybien
Ruinen von Kyrene

Ruinen von Leptis Magna
Ruinen von Sabratha
Altstadt von Ghadames
Felsmalereien von Tadrart Acacus

Madagaskar
Naturschutzgebiet Tsingy de Bemaraha

Malawi
Nationalpark Malawi-See

Mali
Djenné, islamische Stadt und vorislamische Städte
Moscheen, Mausoleen und Friedhöfe von Timbuktu
Felsen von Bandiagara

Malta
Stadt Valetta
Hypogäum (unterirdischer Kultraum) von Hal Saflieni
Tempel von Gigantija

Marokko
Altstadt von Fes
Altstadt von Marrakesch
Befestigte Stadt Ait-Ben-Haddou

Mauretanien
Nationalpark Banc d´Arguin

Mazedonien
Stadt und See von Ohrik mit Umgebung

Mexiko
Mexico (historisches Zentrum) und Xochimilco

Ruinen von Teotihuacàn
Historisches Zentrum von Puebla
Altstadt von Oaxaca und Ruinen von Monte Alban
Ruinen und Nationalpark von Palenque
Biosphärenreservat Sian Kaán
Ruinen von Chichen-Itza
Historisches Zentrum und Bergwerksanlagen von Guanajuato
Altstadt von Morelia
Präkolumbianische Stadt El Tajin
Altstadt von Zacatecas
Felszeichnungen in der Sierra de San Francisco
Lagune von El Vizcaino (Schutzgebiet für Wale)

Moçambique
Insel Moçambique

Nepal
Tal von Kathmandu
Königlicher Nationalpark Chitwan
Nationalpark Sagarmatha mit Mount Everest

Niger
Gebirgslandschaft Air und Ténéré

Neuseeland
Nationalpark Mount Cook, Nationalpark Westland, Nationalpark Fjordland (alle drei jetzt integriert in das Naturschutzgebiet Te Wahipounamu)
Nationalpark Tongariro mit Maori-Kultstätten in den Bergen

Norwegen
Felszeichnungen von Alta
„Bryggen" (Hafenstadt von Bergen)
Stadt und Bergwerke von Roros

Oman
Festung Bahla
Bat, Festung mit Al-Khutm und Al Ayn
Bronzezeitliche Siedlung bzw. Totenstadt

Pakistan
Festung und Shalimar-Gärten in Lahore
Ruinen und Totenstadt von Thatta
Ruinenstadt Moenjodaro
Buddhistische Ruinen von Takht-i-Bahi
Ruinenstadt Taxila

Panama
Nationalpark Darien
Festungen Portobello und San Lorenzo an der karibischen Küste
Naturschutzgebiet La Amistad (bis Costa Rica)

Paraguay
Jesuitenmission La Santisima Trinidad de Paraná und Jesus de Tavarangue

Peru
Ruinenstadt Chan Chan
Nationalpark Huascaran
Ruinenstadt Chavin
Franziskanerkloster und die gesamte Altstadt von Lima
Ruinenstadt Machu Picchu
Nationalpark Manú
Stadt Cuzco
Nationalpark Rio Abiseo mit archäologischem Park

Philippinen
Barockkirchen in Manila, Santa Maria, Paoay und Miagao
Marinepark Korallenriff Tubbataha

Polen

Nationalpark Bialowieza
Konzentrationslager Auschwitz
Altstadt von Krakau
Altstadt von Warschau
Salzbergwerk von Wieliczyka
Altstadt von Zamosc

Portugal

Christuskloster in Tomar
Kloster Batalha
Hieronymitenkloster und Turm von Belém in Lissabon
Historisches Zentrum von Evora
Kloster Alcobaca
Stadtzentrum von Angra do Heroismo auf der Azoren-Insel Terceira

Rumänien

Biosphärenreservat Donaudelta
Biertan und seine Wehrkirche
Kloster Horezu
Bemalte Kirchen in der nördlichen Moldau

Rußland

Historisches Zentrum von St. Petersburg
Kreml und Roter Platz in Moskau
Kirchen von Pogost (Insel Kishi im Onegasee)
Baudenkmäler von Nowgorod und Umgebung
Geschichts- und Kulturdenkmäler auf den Solowetzky-Inseln am Weißen Meer
Kathedrale von Wladimir, Klöster und Kirchen von Susdal und Kedeksha
Befestigtes Kloster der heiligen Dreifaltigkeit und des heiligen Sergius in Sergiec Posad

Sambia
Victoria-Fälle

Schweden
Königlicher Palast von Drottningholm
Wikingersiedlung Birka und Hovgarden
Eisenhütte Engelberg

Schweiz
Altstadt von Bern
Kloster St. Gallen
Benediktinerkloster St. Johann in Müstair

Senegal
Nationales Vogelschutzgebiet Djoudj
Nationalpark Niokolo-Koba
Insel Gorée

Seychellen
Aldabra-Atoll
Naturpark Mai-Tal

Simbabwe
Mana-Pools-Nationalpark, Sapi und Chewore-Safari
Ruinen von Khami
Ruinenstadt Groß-Simbabwe
Victoria-Fälle

Slowakei
Banska Stiavnica und seine technischen Denkmäler
Burg Spissy Hrad und benachbarte Kulturdenkmäler
Geschütztes Bauerndorf Vlkolinec

Slowenien
Höhlen von Skocjan

Spanien
Altstadt von Santiago de Compostela
Altstadt von Salamanca
Altstadt von Segovia mit Aquädukt
Altstadt von Avila und Kirchen außerhalb der Stadtmauer
Mudéjar-Architektur in Teruel
Altstadt von Toledo
Altstadt von Cacéres
Moschee von Córdoba
Alhambra und Generalife-Palast in Granada
Höhle von Altamira
Kirchen im Königreich Asturien
Casa Milá und Park Guell in Barcelona
Kathedrale von Burgos
Escorial (Kloster und Umgebung)
Kathedrale, Alcazar und Archivo de Indias in Sevilla
Nationalpark Garajonay (Insel Gomera)
Ehemalige Zisterzienserabtei von Poblet
Bauten der Römerzeit und des frühen Mittelalters in Merida
Pilgerweg nach Santiago de Compostela
Königliches Kloster von Santa Maria de Guadaloupe

Sri Lanka
Ruinenstadt Sigiriya
Ruinenstadt von Polonnaruva
Heilige Stadt Anuradhapura
Heilige Stadt Kandy
Altstadt und Festungswerke von Galle
Goldener Felsentempel von Dambulla
Naturschutzgebiet Sinharaja Forest

Syrien
Altstadt von Aleppo
Altstadt von Bosra
Altstadt von Damaskus
Ruinen von Palmyra

Tansania
Nationalpark Serengeti
Nationalpark Kilimandjaro
Naturschutzgebiet Ngorongoro
Wildreservat von Selous
Ruinen von Kilwa Kisiwani und von Songo Mnara

Thailand
Ruinen von Ayutthaya
Ruinen von Sukhothai
Wildschutzgebiet Thung Yai-Huai Kha Khaeng
Archäologische Denkmäler von Ban Chiang

Tschechische Republik
Historisches Zentrum von Prag
Historisches Zentrum von Böhmisch Krumau
Historisches Zentrum von Teltsch

Türkei
Historische Bereiche von Istanbul
Antike Stadt Hierapolis-Pamukkale
Hattusa (ehemalige Hauptstadt der Hethiter)
Nationalpark Göreme und die Felsdenkmäler von Kappadokien
Große Moschee und Krankenhaus von Divrigi
Ruinenstätte Nemrut Dag
Ruinen von Xanthos mit dem Heiligtum der Latona

Tunesien
Amphitheater von El-Djem
Punische Stadt Kerkuane und ihre Totenstadt
Ruinen von Karthago
Altstadt von Tunis
Altstadt von Sousse
Altstadt von Kairouan
Nationalpark Ichkeul

Ungarn
Budapest (Burgviertel von Buda, Uferzone der Donau)
Traditionelles Dorf Hollokö

Ukraine
Sophienkathedrale und Lawrakloster mit Katakomben in Kiew

Usbekistan
Historisches Zentrum Itchan-Kala der Stadt Ditchan Kala

Vatikan
Vatikanstadt und Basilika St. Paul vor den Mauern in Rom

Venezuela
Historisches Zentrum von Coro

Vereinigte Staaten von Amerika
Nationalparks Kluana und Wrangell-Saint-Elias
(mit kanadischem Teil)
Nationalpark Olympic Mountains
Nationalpark Redwood
Nationalpark Yosemite
Nationalpark Yellowstone
Nationalpark Grand Canyon

Nationalpark Mesa Verde
Historischer Nationalpark Chaco
Cahokia Mounds (vorgeschichtliche Siedlung)
Nationalpark Mammuthöhlen
Freiheitsstatue
Unabhängigkeitshalle in Philadelphia
Monticello und Universität von Virginia in Charlottesville
Nationalpark Great Smoky Mountains
Nationalpark Everglades
Festung La Fortaleza und Altstadt von San Juan/Puerto Rico
Nationalpark „Vulkane von Hawaii"
Pueblo (Indianerdorf) Taos

Vietnam
Kaiserstadt Hue

Zaire
Nationalpark Garamba
Nationalpark Kahuzi-Biega
Nationalpark Virunga
Nationalpark Salonga

Zentralafrikanische Republik
Nationalpark Manovo-Gounda St. Floris

Zypern
Ruinen von Paphos
Bemalte Kirchen im Gebiet von Tróodos

Auf Vorschlag von Jordanien
Altstadt von Jerusalem mit Stadtmauern

Adressen der deutschen Fremdenverkehrsämter

Landesfremdenverkehrs-Verbände in Deutschland

Landesfremdenverkehrsverband Bayern
Prinzregentenstr. 18/IV, 80538 München,
Tel. 0 89/21 23 97-0, Fax: 0 89/29 35 82

Landesfremdenverkehrsverband Baden-Württemberg
Esslinger Str. 8, 70182 Stuttgart 10,
Tel. 07 11/23 85 80, Fax: 07 11/2 38 58 99

Landesfremdenverkehrsverband Niedersachsen-Bremen
c/o Harzer Verkehrsverband e. V., Marktstr. 45, 38640 Goslar,
Tel. 0 53 21/20 03 1, Fax: 0 53 21/2 33 68

Fremdenverkehrs- und Heilbäderverband Rheinland-Pfalz e. V.
Postfach 1420, 56014 Koblenz,
Tel. 02 61/9 15 20-0, Fax: 02 61/9 15 20 40

Landesverkehrsverband Rheinland e. V.
Rheinallee 69, 53138 Bonn,
Tel. 02 28/36 29 1-22, Fax: 02 28/36 39 29

Landesverkehrsverband Westfalen e. V.
Friedensplatz 3, 44135 Dortmund,
Tel. 02 31/52 75 06-07, Fax: 02 31/52 45 08

Landesfremdenverkehrsverband Brandenburg
Friedrich-Ebert-Str. 115, 14467 Potsdam,
Tel. 03 31/2 22 44, Fax: 03 31/2 66 83

Landesfremdenverkehrsverband Mecklenburg-Vorpommern e. V.
Platz der Freundschaft 1, 18059 Rostock,
Tel. 03 81/44 84 26, Fax: 03 81/44 84 23

Fremdenverkehrsverband Rügen
August-Bebel-Str. 12, 18586 Sellin,
Tel. 03 83 03/3 34

Fremdenverkehrsverband Mecklenburgische Seenplatte
Am Markt 10, 17207 Röbel,
Tel. 03 99 31/5 13 81, Fax: 03 99 31/5 13 86

Landesfremdenverkehrsverband Sachsen e. V.
Maternistr. 17, 01067 Dresden,
Tel. 03 51/4 84 55 60, Fax: 03 51/4 84 55 61

Tourismusverband Sachsen-Anhalt e. V.
Trothaer Str. 9h, 06118 Halle,
Tel. 03 45/34 00 86, Fax: 03 45/34 00 97

Thüringer Landesfremdenverkehrsverband e. V.
Stauffenbergallee 18, 99085 Erfurt,
Tel. 03 61/60 22 34, Fax: 03 61/646 14 75

Fremdenverkehrsverband Schleswig-Holstein e. V.
Niemannsweg 31, 24105 Kiel,
Tel. 04 31/56 00-0, Fax: 04 31/56 98 10

Hessischer Fremdenverkehrsverband e. V.
Abraham-Lincoln-Str. 38-42, 65189 Wiesbaden,
T. 06 11/77 88 0-0, Fax: 06 11/77 88 040

Tourismus-Zentrale Hamburg GmbH
Burchardtstr. 14, 20095 Hamburg,
Tel. 0 40/3 00 51-0, Fax: 0 40/2 56-2 53

Adressen der ausländischen Fremdenverkehrsbüros in Deutschland

Fast alle Länder, die an der Förderung des Tourismus interessiert sind, unterhalten staatliche Fremdenverkehrsämter in Deutschland. Dort erhalten Sie auf Anfrage kostenloses Informationsmaterial per Post. Geboten werden neben wichtigen Hinweisen über Einreise-, Visa- und Devisenbestimmungen auch informative Broschüren über Land und Leute sowie Landkarten, Stadtpläne etc. Oft gibt es Adressenlisten von preiswerten Unterkünften mit Preisangaben (wo es solche Broschüren gratis gibt, ist im Länderregister bei den einzelnen Ländern aufgeführt). Allerdings sollten Sie diese Auskünfte rechtzeitig anfordern, da die Bearbeitung Ihrer Anfrage manchmal ziemlich lange dauern kann.

Ägypten: Ägyptisches Fremdenverkehrsamt,
Kaiserstr. 64, 60326 Frankfurt,
Tel. 0 69/25 21 53, Fax: 0 69/23 98 76

Alaska: siehe USA

Andorra: Andorra Govern-Touristik-Delegation für Deutschland,
Finsterwalder Str. 28, 13435 Berlin,
Tel. 0 30/4 15 49 14

Antigua & Barbuda: Government of Antigua & Barbuda,
Department of Tourism, Thomasstr. 11, 61348 Bad Homburg,
Tel. 0 61 72/2 15 04, Fax: 0 61 72/2 15 13

Argentinien: Tourismus-Abteilung der Botschaft von
Argentinien, Adenauerallee 50-52, 52113 Bonn,
Tel. 02 28/2 28 01-0, Fax: 02 28/21 48 09

Aruba: Aruba Tourism Authority,
Schimmelpennicklaan 1, NL-2517 Den Haag,
Tel. 00 31/70/3 56 62 20, Fax: 00 31/70/3 60 48 77

Australien: ATC Australian Tourist Commission,
Neue Mainzer Str. 22, 60311 Frankfurt,
Tel. 0 69/27 40 06 20, Fax: 0 69/27 40 06-40

Tourism Victoria,
Neue Mainzer Str. 22, 60311 Frankfurt,
Tel. 0 69/25 09 91, Fax: 0 69/23 40 75

Queensland Tourist + Travel Corporation,
Neuhauser Str. 27, 80331 München,
Tel. 0 89/2 60 96 93, Fax: 0 89/2 60 35 30

Western Australian Tourism Commission (WATC),
Schloßstr. 60, 51429 Bergisch Gladbach,
Tel. 0 22 04/5 61 53, Fax: 0 22 04/5 25 56

Bahamas: Bahamas Tourist Office,
Mörfelder Landstr. 45–47, 60598 Frankfurt,
Tel. 0 69/62 60 51, Fax: 0 69/62 73 11

Barbados: Staatliches Fremdenverkehrsamt Barbados,
Neue Mainzer Str. 22, 60311 Frankfurt/M.,
Tel. 0 69/23 23 66, Fax: 0 69/23 00 77

Belgien: Belgisches Verkehrsamt,
Berliner Allee 47, 40212 Düsseldorf,
Tel. 02 11/8 64 84-0, Fax: 02 11/13 42 85

Belize: Belize Tourist-Board,
Bopserwaldstr. 40g, 70184 Stuttgart,
Tel./Fax: 07 11/23 39 47

Benin: Représentant du Commerce et du Tourisme, c/o Büro COKPE, Schöneweider Str. 20, 12055 Berlin, Tel. 0 30/6 85 31 12, Fax: 0 30/6 85 74 05

Bermudas: Fremdenverkehrsamt Bermuda, Herzogspitalstr. 5, 80331 München 22, Tel. 0 89/2 99 039, Fax: 0 89/2 28 92 82

Bolivien: Abteilung Tourismus der Botschaft von Bolivien, Konstantinstr. 16, 53179 Bonn 2, Tel. 02 28/36 20 38, Fax: 02 28/35 59 52

Bonaire: Bonaire Tourism Corporation, Visseringlaan 24, NL-2288 Rijswijk, Tel. 00 31/70/3 95 44 44, Fax: 0031/70/3 36 83 33

Britische Jungferninseln: British Virgin Islands Tourist Board, Sophienstr. 4, 65189 Wiesbaden, Tel. 06 11/30 02 62, Fax: 06 11/30 07 66

Bulgarien: Bulgarisches Fremdenverkehrsamt, Stephanstr. 1–3, 60313 Frankfurt, Tel. 0 69/29 52 84, Fax: 0 69/29 52 86

Cayman Islands: Cayman Islands Tourism, c/o Marketing Services International, Walter Stöhrer und Partner GmbH, Liebigstr. 8, 60323 Frankfurt, Tel. 0 69/72 63 42, Fax: 0 69/72 77 14

Chile: Pro Chile, Kleine Reichenstr. 1/IV, 20457 Hamburg, Tel. 0 40/33 58 35, Fax: 0 40/32 69 57

China: Fremdenverkehrsamt der Volksrepublik China, Ilkenhansstr. 6, 60433 Frankfurt, Tel. 0 69/52 01 35, Fax: 0 69/52 84 90

Curaçao: Fremdenverkehrsamt Curaçao,
Arnulfstr. 44/IV, 80335 München,
Tel. 0 89/59 84 90, Fax: 0 89/5 23 22 12

Dänemark: Dänisches Fremdenverkehrsamt,
Glockengießerwall 2, 20095 Hamburg,
Tel. 0 40/33 07 06, Fax: 0 40/33 70 83

Dominica: Fremdenverkehrsamt Dominica,
Kaiserdamm 29, 14056 Berlin,
Tel. 0 30/3 06 60 06, Fax: 0 30/3 06 60 30

Dominikanische Republik: Dominikanisches Fremdenverkehrsamt, Voelckerstr. 24, 60322 Frankfurt,
Tel. 0 69/5 97-03 30, Fax: 0 69/59 09 28

Dubai: Dubai Commerce and Tourism Promotion Board,
Neue Mainzer Str. 57, 60311 Frankfurt,
Tel. 0 69/25 34 22, Fax: 0 69/25 31 51

Estland: Estnisches Fremdenverkehrsbüro,
c/o Baltische Fremdenverkehrszentrale,
Woldsenstr. 36, 25813 Husum,
Tel. 0 48 41/30 04, Fax: 0 48 41/21 09

Finnland: Finnische Zentrale für Tourismus,
Darmstädter Landstr. 180, 60598 Frankfurt,
Tel. 0 69/96 88 67-0, Fax: 0 69/68 68 60

Falkland-Inseln: Falkland Islands Tourist Board,
c/o HS Travel & Consulting, Postfach 14 47, 64529 Mörfelden,
Tel./Fax: 0 61 05/13 04

Fidschi: Tourism Council of the South Pacific (TCSP),
Romanplatz 10, 80639 München,
Tel. 0 89/1 78 29 41, Fax: 0 89/1 78 28 11

Frankreich: Französisches Fremdenverkehrsamt,
Postfach 10 01 28, 60001 Frankfurt,
Tel. 0 69/7 56 08 30, Fax: 0 69/75 21 87

Grenada: Grenada Board of Tourism-Europa,
c/o Marketing-Services Int., Liebigstr. 8, 60323 Frankfurt/M.,
Tel. 0 69/72 69 08, Fax: 0 69/72 77 14

Griechenland: Griechische Zentrale für Fremdenverkehr,
Neue Mainzer Str. 22, 60311 Frankfurt,
Tel. 0 69/23 65 61-63, Fax: 0 69/23 65 76

Großbritannien: Britische Zentrale für Fremdenverkehr,
Taunusstr. 52-60, 60329 Frankfurt,
Tel. 0 69/23 80-7 11, Fax: 0 69/23 80-7 17

Guadaloupe: Fremdenverkehrsamt Guadaloupe,
Bethmannstr. 58, 60311 Frankfurt,
Tel. 0 69/28 33 15, Fax: 0 69/28 75 44

Hongkong: Hong Kong Tourist Association,
Humboldtstr. 94, 60318 Frankfurt,
Tel. 0 69/95 91 29-0, Fax: 0 69/5 97 80 50

Indien: Indisches Fremdenverkehrsamt,
Kaiserstr. 77, 60392 Frankfurt,
Tel. 0 69/23 54 23, Fax: 0 69/23 47 24

Indonesien: Indonesisches Fremdenverkehrsamt für Europa,
Wiesenhüttenstr. 17, 60329 Frankfurt,
Tel. 0 69/23 36 77, Fax: 0 69/23 08 40

Irland: Irische Fremdenverkehrs-Zentrale,
Untermainanlage 7, 60329 Frankfurt,
Tel. 0 69/23 33 41, Fax: 0 69/23 46 26

Island: Isländisches Fremdenverkehrsamt,
Carl-Ulrich-Str. 11/III, City Center, 63263 Neu-Isenburg,
Tel. 0 61 02/25 44 84, Fax: 0 61 02/25 45 70

Israel: Staatliches Israelisches Verkehrsbüro,
Bettinastr. 62, 60325 Frankfurt,
Tel. 0 69/75 20 84, Fax: 0 69/74 62 49

Italien: Staatliches Italienisches Fremdenverkehrsamt ENIT,
Kaiserstr. 65, 60329 Frankfurt,
Tel. 0 69/23 74 30, Fax: 0 69/23 28 94

Jamaica: Jamaica Tourist Board,
Falkstr. 72–74, 60487 Frankfurt,
Tel. 0 69/7 07 40 65, Fax: 0 69/70 10 07

Japan: Japanische Fremdenverkehrs-Zentrale JNTO,
Kaiserstr. 11, 60311 Frankfurt,
Tel. 0 69/2 03 53, Fax: 0 69/28 42 81

Kanada: Kanadisches Fremdenverkehrsamt,
Prinz-Georg-Str. 126, 40479 Düsseldorf,
Tel.02 11/1 72 17-21, Fax: 02 21/35 91 65

Karibik: Organisation der Ostkaribischen Staaten (OECS),
Liebigstr. 8, 60323 Frankfurt/M.,
Tel. 0 69/17 43 52, Fax: 0 69/72 77 14

Kenia: Kenya Tourist Office, c/o Kenya Consulate General,
Neue Mainzer Str. 22, 60311 Frankfurt,
Tel. 0 69/23 20 17, Fax: 0 69/23 92 39

Korea: Korea National Tourism Corporation (KNTC),
Baseler Str. 48, 60329 Frankfurt,
Tel. 0 69/23 20 17

Kroatien: Kroatische Zentrale für Tourismus, Karlsruher Str. 18/8, 60329 Frankfurt/M., Tel. 0 69/25 20 45, Fax: 0 69/25 20 54

Kuba: Cubatour – Kubanisches Fremdenverkehrs-Büro, Steinweg 2, 60313 Frankfurt, Tel. 0 69/28 83 22–23, Fax: 0 69/29 66 64

Lettland: Lettisches Fremdenverkehr-Büro, c/o Baltische Fremdenverkehrszentrale, Woldsenstr. 36, 25813 Husum, Tel. 0 48 41/30 04, Fax: 0 48 41/21 09

Litauen: Litauisches Fremdenverkehrs-Büro, c/o Baltische Fremdenverkehrszentrale, Woldsenstr. 36, 25813 Husum, Tel. 0 48 41/30 04, Fax: 0 48 41/21 09

Luxemburg: Luxemburgisches Verkehrsamt, Bismarckstr. 23–27, 41061 Mönchengladbach 1, Tel. 0 21 61/20 88 88, Fax: 0 21 61/27 42 20

Macau: Fremdenverkehrsbüro Macau, c/o Portugiesisches Touristik-Amt, Schäfergasse 17, 60313 Frankfurt/M., Tel. 0 69/2 97 71 70, Fax: 0 69/27 42 20

Malaysia: Malaysia Tourism Promotion Board, Roßmarkt 11, 60311 Frankfurt, Tel. 0 69/28 37 82, Fax: 0 69/28 52 15

Malediven: Touristisches Informationsbüro Malediven, Immanuel-Kant-Str. 16, 61350 Bad Homburg v. d. H., Tel. 0 69/8 62 93, Fax: 0 69/8 58 33

Malta: Fremdenverkehrsamt Malta, Schillerstr. 30–40, 60313 Frankfurt, Tel. 0 69/28 58 90, Fax: 0 69/28 54 79

Monaco: Monaco Informations-Centrum,
Königsallee 27–31, 40212 Düsseldorf,
Tel. 02 11/3 23 78 43, Fax: 02 11/3 23 78 16

Marokko: Staatliches Marokkanisches Fremdenverkehrsamt,
Graf-Adolf-Str. 59, 40210 Düsseldorf,
Tel. 02 11/37 05 51-21, Fax: 02 11/37 40 48

Mauretanien: Offizielles Verkehrsbüro der Islamischen Republik Mauretanien für Deutschland, Österreich, Liechtenstein, die Schweiz und die Niederlande:
Tel. 06 81/75 28 68

Mauritius: Mauritius Informationsbüro,
Postfach 10 18 46, 60018 Frankfurt,
Tel. 0 61 71/98 03 54, Fax: 0 61 71/98 06 52

Mexiko: Staatliches Mexikanisches Verkehrsamt,
Wiesenhüttenplatz 26, 60329 Frankfurt,
Tel. 0 69/25 34 13, Fax: 069/25 37 55

Mongolei: Mongolia Tourist Informations Service,
Dudenstr. 78, 10965 Berlin,
Tel. 0 30/7 86 50 56, Fax: 0 30/7 86 55 86

Montserrat: Department of Tourism Montserrat, West India Committee, Lomerstr. 28, 22047 Hamburg,
Tel. 0 40/6 95 88 46, Fax: 0 40/3 80 00 51

Namibia: Namibia Verkehrsbüro,
Postfach 20 41, 61290 Bad Homburg,
Tel. 0 61 72/40 66 50, Fax: 0 61 72/40 66 90

Neuseeland: Fremdenverkehrsamt von Neuseeland,
Friedrichstr. 10–12, 60323 Frankfurt,
Tel. 0 69/97 12 11-0, Fax: 0 69/97 12 11-13

Niederlande: Niederländisches Büro für Tourismus (NBT), Postfach 27 05 80, 50511 Köln, Tel. 02 21/2 57 03 83, Fax: 02 21/2 57 03 81

Nordirland: Northern Ireland Tourist Board, Taunusstr. 52–60, 60329 Frankfurt, Tel. 0 69/23 45 04, Fax: 0 69/2 38 07 17

Norwegen: Norwegisches Fremdenverkehrsamt, Mundsburger Damm 27, 22087 Hamburg, Tel. 0 40/22 71 08 10, Fax: 0 40/22 71 08 15

Österreich: Österreich Information, Rotwandweg 4, 82024 Taufkirchen bei München, Tel. 0 89/6 66 71-0, Fax: 0 89/6 66 71-2 01

Papua Neuguinea: Fremdenverkehrs-Büro Papua Neuguinea, c/o Air Niugini, Waidmannstr. 45, 60596 Frankfurt, Tel. 0 69/63 40 95, Fax: 0 69/6 31 33 32

Peru: Generalkonsulat von Peru (Abteilung Tourismus), Roßmarkt 14, 60311 Frankfurt/M., Tel. 0 69/2 03 01 + 2 03 02, Fax: 0 69/29 57 40

Philippinen: Philippinisches Fremdenverkehrsamt, Kaiserstr. 15, 60311 Frankfurt, Tel. 0 69/2 08 93, Fax: 0 69/28 51 27

Polen: Polnisches Informationszentrum für Tourismus, Waidmarkt 24, 50676 Köln, Tel. 02 21/23 05 45, Fax: 02 21/23 89 90

Portugal: Portugiesisches Touristik-Amt, Schäfergasse 17, 60313 Frankfurt, Tel. 0 69/23 40 94, Fax: 0 69/23 14 33

Puerto Rico: Fremdenverkehrsamt Puerto Rico, Kreuzberger Ring 56 a, 65205 Wiesbaden, Tel. 06 11/7 44 28 80, Fax: 06 11/72 40 89

La Réunion: Comité du Tourisme de La Réunion, Postfach 13 07 44, 20107 Hamburg, Tel. 0 40/44 64 82, Fax: 0 40/44 80 97 51

Rumänien: Rumänisches Touristenamt, Zeil 13, 60313 Frankfurt/M., Tel. 0 69/29 52 78-79, Fax: 0 69/29 29 47

Saint Lucia: St. Lucia Tourist Board, Postfach 23 04, 61293 Bad Homburg, Tel. 0 61 72/33 44 31, Fax: 0 61 72/30 50 72

Sansibar: Zanzibar Tourist Office, c/o Air One GmbH, Bahnhofstr. 41, 65185 Wiesbaden, Tel. 06 11/37 50 13, Fax: 06 11/30 90 43

Schweden: Swedish Travel & Tourism Council, Lilienstr. 19, 20095 Hamburg, Tel. 0 40/33 79 50, Fax: 0 40/33 05 99

Schweiz: Schweizer Verkehrsbüro, Kaiserstr. 23, 60311 Frankfurt/M., Tel. 0 69/25 60 01-0, Fax: 0 69/25 60 01-38

Seychellen: Seychellen Touristik Informationsbüro, Hochstr. 15, 60313 Frankfurt, Tel. 0 69/29 20 64, Fax: 0 69/29 62 30

Singapur: Singapore Tourist Promotion Board, Hochstr. 35–37, 60313 Frankfurt, Tel. 0 69/2 97 89 25/-26, Fax: 0 69/2 97 89 22

Slowenien: Slowenisches Fremdenverkehrsamt, Lessingstr. 7–9, 61411 Oberursel, Tel. 0 61 71/64 16 60,Fax: 0 61 71/64 10 29

Spanien: Spanisches Fremdenverkehrsamt, Myliusstr. 14, 60323 Frankfurt, Tel. 0 69/72 50 33, Fax: 0 69/72 53 13

Sri Lanka (Ceylon): Ceylonesisches Fremdenverkehrsamt, Europäische Zentrale, Allerheiligentor 2–4, 60311 Frankfurt, Tel. 0 69/28 77 34, Fax: 0 69/28 83 71

St. Kitts & Nevis: St. Kitts & Nevis Department of Tourism, Postfach 2211, 61471 Kronberg, Tel. 0 61 73/6 67 47, Fax: 0 61 73/64 09 69

St. Vincent and the Grenadines: St. Vincent and the Grenadines Touristik-Büro, c/o Karibik Pur GmbH, Wurmbergerstr. 26, 71063 Sindelfingen, Tel. 0 70 31/80 62 60, Fax: 0 70 31/80 50 12

Südafrika: SATOUR South African Tourism Board, An der Hauptwache 11, 60019 Frankfurt, Tel. 0 69/2 06 56, Fax: 0 69/28 09 50

Südpazifik: Tourism Council of the South Pacific, Romanplatz 10, 80639 München, Tel. 0 89/1 78 29 41, Fax: 0 89/1 78 28 11

Tahiti: Tahiti Tourisme, Direktion für Europa, Haingasse 22, 61348 Bad Homburg v.d.H., Tel. 0 61 72/2 10 21, Fax: 0 61 72/2 55 79

Taiwan: Tourism Bureau Taiwan R.O.C., Dreieichstr. 59, 60594 Frankfurt, Tel. 0 69/61 07 43, Fax: 0 69/62 45 18

Thailand: Thailändisches Fremdenverkehrs-Büro, Bethmannstr. 58, 60311 Frankfurt, Tel. 0 69/29 57 04, Fax: 0 69/28 14 68

Tschechien: Tschechische Zentrale für Tourismus (TZT), Leipziger Str. 60, 10117 Berlin, Tel./Fax: 0 30/2 00 47 70

Türkei: Informationsabteilung des Türkischen Generalkonsulats, Baseler Str. 37, 60329 Frankfurt, Tel. 0 69/23 30 81, Fax: 0 69/23 27 51

Tunesien: Fremdenverkehrsamt Tunesien, Am Hauptbahnhof 6, 60329 Frankfurt, Tel. 0 69/23 18 91-92, Fax: 0 69/23 21 68

Ungarn: Ungarisches Fremdenverkehrsamt, Berliner Str. 72, 60311 Frankfurt, Tel. 0 69/2 09 29, Fax: 0 69/29 28 08

Uruguay: Tourist Information Uruguay, c/o Botschaft von Uruguay, Gotenstr. 1–3, 65929 Bonn, Tel. 02 28/35 65 70 Fax: 02 28/36 14 10

USA: Fremdenverkehrsamt der USA, Bethmannstr. 56, 60311 Frankfurt, Tel. 0 69/92 00 36 19/-20, Fax: 0 69/29 41 73
Florida: Tel. 0 69/1 31 07 31,
Mississippi: Tel. 0 69/97 54 45 08,
New England: Tel. 0 61 72/30 56 86,
North Carolina: Tel. 02 11/32 05 33,
Pennsylvania: Tel. 0 22 04/5 79 59

Texas Tourism Initiative, c/o Mangum Management GmbH, Schillerstr. 10, 60313 Frankfurt/M., Tel. 0 69/28 08 71, Fax: 0 69/28 08 72

Fremdenverkehrsamt **Virginia**,
Steinweg 3, 60313 Frankfurt/M.,
Tel. 0 69/29 19 23, Fax: 0 69/29 19 04

Fremdenverkehrsamt **Lee County**, an der Westküste Floridas,
Fremdenverkehrsamt **Massachussetts**, c/o Herzog HC GmbH,
Borsigallee 17, 60388 Frankfurt/M.,
Tel. 0 69/4 20 89 00, Fax: 0 69/41 25 25

Michigan Information Centre,
Sophienstr. 4, 65189 Wiesbaden
Tel. 06 11/37 62 06, Fax: 06 11/30 07 66

Orlando Tourism Bureau,
Kleine Hochstr. 9, 60313 Frankfurt/M.,
Tel. 0 69/28 96 85, Fax: 0 69/29 59 74

Fremdenverkehrsamt **South Carolina** + **Hawaii**:
Postfach 93 02 47, 60457 Frankfurt/M.,
Tel. 0 69/70 40 13, Fax: 0 69/70 40 13

Greater **Fort Lauderdale** Conventions & Visitors Bureau
(Tel. 0 89/26 76 90);
Las Vegas Conventions & Visitors Authority (Tel. 0 89/26 78 95)
c/o Mangum Management GmbH,
Herzogspitalstr. 5, 80331 München,
Tel. 0 89/26 78 95, Fax: 0 89/2 60 40 09

Fremdenverkehrsamt von **Alaska**:
Pfingstweidstr. 4, 60316 Frankfurt,
Tel. 0 69/94 31 00-80, Fax: 0 69/94 31 00-49

Fremdenverkehrs-Büro für
Washington DC (Tel. 0 69/4 95 04 93),
New Orleans (Tel. 0 69/43 56 99),
Palm Beach (Tel. 0 69/43 56 64),

Rocky Mountains International, **Montana**, **South Dakota**, **Wyoming** u. **Idaho** (Tel. 0 69/44 60 02):
c/o Wiechmann Tourism Services,
Scheidswaldstr. 73, 60385 Frankfurt,
Tel. 0 69/44 60 02, Fax: 0 69/43 96 31
Fremdenverkehrsamt **U.S. Virgin Islands**:
Postfach 10 02 44, 63002 Offenbach,
Tel. 0 69/89 20 08, Fax: 0 69/89 88 92

Vietnam – Sozialistische Republik: Saigontouristvertretung,
Konstantinstr. 37, 53179 Bonn,
Tel. 02 28/35 07 21, Fax: 02 28/35 18 66

Venezuela: Fremdenverkehrsamt Venezuela,
Am Burghof 11, 66625 Nohfelden,
Tel. 0 68 52/90 05 99, Fax: 0 68 52/90 05 55

West-Samoa: Western Samoa Visitors Bureau,
Johann-Fichte-Str. 11, 80805 München,
Tel. 0 89/36 70 30, Fax: 0 89/36 35 80

Zaire: Touristische Vertretung der Republik Zaire, c/o Air Zaire,
Friedensstr. 9, 60311 Frankfurt,
Tel. 0 69/23 19 11, Fax: 0 69/23 19 13

Zambia: Zambia National Tourist Board,
Mittelstr. 39, 53175 Bonn,
Tel. 02 28/37 65 68, Fax: 02 28/37 95 36

Zimbabwe: Zimbabwe Tourist Office,
Wiener Str. 40, 60599 Frankfurt,
Tel. 0 69/65 32 04, Fax: 0 69/65 15 27

Zypern: Fremdenverkehrsamt Zypern,
Kaiserstr. 50, 60329 Frankfurt,
Tel. 0 69/25 19 19, Fax: 0 69/25 02 88

Adressen sämtlicher genannter Reisebüros und Reiseveranstalter

AAR Anglo-American Reisebüro,
Vidumstr. 2, 49492 Westerkappeln,
Tel. 0 51 41/2 85 55, Fax: 0 54 04/2 85 01

ADAC-Reise GmbH,
Am Westpark, 81373 München,
Tel. 0 89/76 76-0, Fax: 0 89/20 54 11

Air Maritime Seereisen GmbH,
Goethestr. 12, 80336 München,
Tel. 0 89/59 60 61, Fax: 0 89/5 32 88 76

Airtours International,
Adalbertstr. 44–48, 60486 Frankfurt,
Tel. 0 69/79 28-0, Fax: 0 69/79 28-5 02

Ameropa Reisen GmbH,
Hewlett-Packard-Str. 4, 61352 Bad Homburg,
Tel. 0 61 72/1 09-0, Fax: 0 61 72/1 09-1 10

Äquator Tours GmbH,
Schleißheimer Str. 439, 80935 München,
Tel. 0 89/3 14 20 25, Fax: 0 89/3 14 99 45

Arbeitsgemeinschaft Urlaub auf dem Bauernhof,
Godesberger Allee 142–148, 53175 Bonn,
Tel. 02 28/8 19 82 12

ATT Touristik GmbH,
Esslinger Str. 7, 70771 Leinfelden-Echterdingen,
Tel. 07 11/94 74-0, Fax: 07 11/94 74-2 00

Cedok-Reisen GmbH,
Kaiserstr. 54, 60329 Frankfurt,
Tel. 0 69/27 40 17-0, Fax: 0 69/23 58 90

Cunard,
Neuer Wall 54, 20354 Hamburg,
Tel. 0 40/3 61 20 58, Fax: 0 40/3 61 20 534

DanCenter,
Spitaler Str. 16, 20095 Hamburg,
Tel. 0 40/32 27 81, Fax: 0 40/32 75 91

DAV Summit Club GmbH,
Am Perlacher Forst 186, 81545 München,
Tel. 0 89/65 10 72-0, Fax: 0 89/65 18 72-72

DER (Deutsches Reisebüro),
Emil-von-Behring-Str. 6, 60439 Frankfurt,
Tel. 0 69/95 88-00, Fax: 0 69/95 88-10 10

Deutscher Alpenverein (DAV),
Von-Kahr-Str. 2–4, 80997 München,
Tel. 0 89/1 40 03-0, Fax: 0 89/1 40 03-11

Die hyggeligen Dänen/Hansen,
Wittenbruchplatz 17, 40627 Düsseldorf,
Tel. 02 11/25 18 89

Ferienhäuser am Atlantik, Ursula Neukirchen GmbH,
Bökenkamp 5, 48161 Münster,
Tel. 0 25 33/5 21, Fax: 0 25 33/4 58

Finnreise,
Klosterwall 4, 20095 Hamburg,
Tel. 0 40/3 09 73 30

Finnways,
Zeißstr. 6, 23560 Lübeck,
Tel. 04 51/58 99-2 30

Frosch Alpiner Hüttenservice,
Dechaneistr. 30, 48145 Münster,
Tel. 02 51/3 70 91

Gala-Reisen,
Amperstr. 6, 80638 München,
Tel. 0 89/1 59 54 20

Hapag-Lloyd Tours GmbH,
Schwachhauser Heerstr. 30a, 28209 Bremen,
Tel. 04 21/34 86-0, Fax: 04 21/34 86-1 36

Hetzel-Reisen GmbH,
Paul-Heyse-Str. 12, 80336 München,
Tel. 0 89/54 49 52-00, Fax: 0 89/54 49 52-90

Hütten-Mietservice,
Ritterstr. 3, 77652 Offenburg,
Tel. 07 81/2 26 33

InterChalet Ferienhaus GmbH,
Kaiser-Joseph-Str. 263, 79098 Freiburg,
Tel. 07 61/21 00-77, Fax: 07 61/21 00-154

Karawane Reisen,
Postfach 909, 71609 Ludwigsburg,
Tel. 0 71 41/28 48-0

Kreutzer Touristik GmbH,
Herzog-Heinrich-Str. 10, 80803 München,
Tel. 0 89/5 44 94-2 22, Fax: 0 89/5 43 85 11

Kuhnle Tours,
Postfach 10 28 41, 70024 Stuttgart,
Tel. (gratis) 01 30/85 55 05

Luxavia Tours,
Graf-Adolf-Str. 12, 40212 Düsseldorf,
Tel. 02 11/32 91 35

Meier´s Weltreisen GmbH,
Parsevalstr. 7b, 40468 Düsseldorf,
Tel. 02 11/90 78-01, Fax: 02 11/90 78-354,

Nagarao Insel Reise,
Ludwig-Richter-Str. 21a, 80687 München,
Tel. 0 89/5 70 65 03

Norden-Reisebüro,
Ost-West-Str. 70, 20457 Hamburg,
Tel. 0 40/36 00 15-0, Fax: 0 40/36 32 11

nouveau monde Flugreisen GmbH,
Christophstr. 31, 50670 Köln,
Tel. 02 21/12 10 48, Fax: 02 21/13 74 22

nova reisen GmbH & CoKG,
Herzog-Wilhelm-Str. 1, 80331 München,
Tel. 0 89/2 37 08-0, Fax: 0 89/2 37 08-33

Novasol,
Steindamm 39, 20099 Hamburg,
Tel. 0 40/2 48 21 00

NUR Touristik GmbH,
Zimmermannsmühlenweg 55, 61440 Oberursel,
Tel. 0 61 71/65 00, Fax: 0 61 71/65 21 37

Odin Travel,
Am Roten Hahn 5a, 56077 Koblenz,
Tel. 02 61/6 58 98, Fax: 02 61/6 60 93

Öger Tours,
Glockengießerwall 26, 20095 Hamburg,
Tel. 0 40/3 20 01-0, Fax: 0 40/32 30 91

Olympia Reisen,
Siegburger Str. 49, 53229 Bonn,
Tel. 02 28/4 00 03-0, Fax: 02 28/46 69 32

Phoenix-Reisen,
Kölnstr. 80, 53111 Bonn,
Tel. 02 28/7 26 28-0, Fax: 02 28/7 26 28-99

Polar-Reisen,
Postfach 100, 84361 Birnbach,
Tel. 0 85 63/5 21, Fax: 0 85 63/5 44

Reederei Köln-Düsseldorfer Deutsche Rheinschiffahrt AG,
Frankenwerft 15, 50667 Köln,
Tel. 02 21/20 88-0, Fax: 02 21/20 88-2 31

Reederei P. Deilmann,
Am Hafensteig 19, 23730 Neustadt/Holstein,
Tel. 0 45 61/6 10 60, Fax: 0 45 61/82 07

Reise-Quelle,
Postfach 40 40, 90717 Fürth,
Tel. 01 80/3 22 43 22

Seetours International,
Seilerstr. 23, 60313 Frankfurt,
Tel. 0 69/13 33-0, Fax: 0 69/13 13-2 54

Silja-Line,
Zeißstr. 6, 23547 Lübeck,
Tel. 04 51/58 99-0, Fax: 0451/58 99-2 43

Stephan-Touristik Latin American Experts,
Zeppelinallee 33, 60325 Frankfurt/M.,
Tel. 0 69/70 60 11, Fax: 0 69/7 07 18 70

Takis Ferienhäuser in Griechenland GmbH, A. Roumpakias,
Müllerstr. 47, 80469 München,
Tel. 0 89/26 09 41-0

Tischler-Reisen,
Schnitzschulstr. 18a, 93170 Garmisch Partenkirchen,
Tel. 0 88 21/9 31 70

TUI, Touristik Union International GmbH & Co KG,
Karl-Wiechert-Allee 23, 30625 Hannover,
Tel. 05 11/5 67-0, Fax: 05 11/13 01

Varig, Am Hauptbahnhof 16, 60329 Frankfurt,
Tel. 0 69/2 71 02-0, Fax: 0 69/2 71 02-1 28

Villas InStyle GmbH,
Nymphenburger Str. 1, 80335 München,
Tel. 0 89/5 45 50 16, Fax: 0 89/5 45 50 19

Vladi Private Islands, Ballindamm 7, 20095 Hamburg,
Tel. 0 40/33 89 89, Fax: 0 40/33 00 81

Wolters Reisen, Bremer Str. 48, 28816 Stuhr/Bremen,
Tel. 04 21/89 99-0, Fax: 04 21/80 14 47

Zentrale für Landurlaub,
Heerstr. 73, 53111 Bonn,
Tel. 02 28/63 12 84

FRAGEN KOSTET NICHTS – IHR GRATIS-DRAHT ZU DEN REISE-PROFIS

Die 0130-Telefonnummern der Touristik-Unternehmen in Deutschland

Hotels:

Amanresorts	01 30/40 20
Best Western	01 30/44 55
Choice Hotels	01 30/85 55 22
Ciga Hotels	01 30/90 92
Dorint Hotels	01 30/66 05
Forte Hotels	01 30/29 44
Forum Hotels	01 30/85 39 55
Gran Dorado Bungalow-Parks	01 30/82 80 00
Hilton Hotels	01 30/81 81 46
Holiday Inns International	01 30/81 51 31
Ifa-Hotelgesellschaft	01 30/85 25 45
Intercontinental Hotels	01 30/85 39 55
Kempinski Hotels	01 30/33 39
Maritim Hotels	01 30/69 69
Marriott Hotels & Resorts	01 30/85 44 22
Melia Hotels	01 30/23 01
Mövenpick Hotels	01 30/22 17
Nikko Hotels	01 30/31 37
Penta Hotel	01 30/85 39 55
Prima-Hotels	01 30/85 42 78
Princess Hotels	01 30/81 14 62
Queens Hotels	01 30/44 33
Radisson	01 30/81 44 42
Rafael Hotels	01 30/40 12
Ramada International	01 30/81 23 40
Regent International Hotels	01 30/85 23 32
Relaxa Hotels	01 30/91 19
Renaissance Hotels & Resorts	01 30/81 23 40
Ritz Carlton Hotel	01 30/81 23 34
Royal Classic Hotels	01 30/85 22 09
Shangri-La Hotels	01 30/66 49
Sheraton Hotels	01 30/85 35 35
Sol Hotels	01 30/23 01
Sonesta Hotels	01 30/66 48
Southern Pacific Hotels Corp	01 30/29 44
Steigenberger Hotels	01 30/44 00
Supranational Hotels	01 30/69 69
Swissôtel	01 30/26 73
Taj International Hotels	01 30/85 24 28
The Leading Hotels of the World	01 30/85 21 10
Westin Hotels	01 30/85 26

Autovermietungen:

Autohansa	01 30/50 01
Avis	01 30/77 33
Century	01 30/55 30
Europcar	01 30/22 11
Hertz	01 30/21 21
Sixt-Budget	01 30/33 66
Sonnen	01 30/2 45
Thrifty	01 30/85 42 22

Reisebüros und -veranstalter:

Baltic Line (Nordland-Kreuzfahrten)	01 30/84 85 95
Kühnle-Tours, Stuttgart (Hausboote)	01 30/85 55 05

Fluggesellschaften:

Aero Lloyd	01 30/64 01
Air Canada	01 30/22 05
Air Mauritius	01 30/82 86 80
Air New Zealand	01 30/81 77 78
American Airlines	01 30/41 14
ANA All Nippon Airways	01 30/81 62 80
British Airways	01 30/36 36
Canadian Airlines	01 30/50 40
Cathay Pacific Airways	01 30/22 44
Condor (Abflüge ab Düsseldorf)	01 30/91 30
Condor (Abflüge ab Frankfurt)	01 30/71 30
Continental Airlines	01 30/84 64 64
Delta Airlines	01 30/25 26
Deutsche BA	01 30/25 80
El Al Israel Airlines	01 30/76 70
Emirates Airline	01 30/44 14
Finnair	01 30/82 28 23
Gulf Air	01 30/22 77
Hapag-Lloyd Flug	01 30/73 03
Iberia	01 30/63 63
Japan Airlines	01 30/68 78
Lauda Air	01 30/84 00 66
Lufthansa	01 30/83 83 13
Malaysia Airlines	01 30/82 32 32
Meridiana	01 30/83 80 00
Philippine Airlines	01 30/25 23
Qantas Airways	01 30/77 47
Singapore Airlines	01 30/61 80
US Air	01 30/33 75

SACHREGISTER